全景百科●学生版

令孩子着迷的100个未解之谜

田战省 主编

陕西新华出版传媒集团
陕西科学技术出版社
—— 西安 ——

比陆地宽阔的是大海；
比大海宽阔的是天空；
比天空更为浩瀚的是
无穷的知识；
来吧！让我们一起去
畅游知识的海洋。

——改自维克多·雨果

前言 Foreword

真相娓娓道来，谜底层层揭开，全方位展示历史悬疑，零距离接触人类未解之谜！曾几何时，一缕文明的曙光穿透黑夜喷薄而出，从此，人类告别茹毛饮血的野蛮岁月，他们仰望苍穹，俯视大地，于俯仰之间激起了征服世界的欲望。于是，人类上了天，下了地，入了海，宇宙和地球神秘的面纱也一点点被揭开。

翻开这本书，你便踏足地球神秘之处了。如果你想做一次虚拟的神秘地带之旅，那么你将如愿以偿。在你大开眼界的同时，心灵也会因这些地球的神秘地带而震撼不已。

爱因斯坦曾说过：“人类的一切经验和感受中以神秘感最为美妙。”如今我们悉心探索大自然一个又一个的未解之谜，不仅是对丰富而神秘的人类文明的回顾与叩问，还是对未来文明的一种深思与展望。

好奇心孕育着未来的伟大发现，想象力铺就了人类进步的阶梯，让我们走进这神奇的未知世界，共同领略和探索大自然遗留给我们的种种迷离。相信你经历过这次神秘的旅行之后，视野会更加开阔，探索欲望也会更加强烈。

书虫俱乐部

目录 Contents

险境奇观

动植物谜团

科技之光

险境奇观

地球是人类赖以生存的家园，在这块古老而充满生机的土地上，产生了许多令人叹为观止的险境奇观：从浩瀚的海洋到茫茫的沙漠，从神秘的岩石发声到飘忽不定的“佛灯”，从恐怖的死亡谷到神圣的富士山……在这里，你可以足不出户就领略到大千世界的万般神奇。

海洋之谜

海洋是生命的摇篮，孕育了无数生灵，她拥有最古老的生命、最绚丽的色彩、最奇特的现象。神秘的海洋总以其博大幽深，吸引着人们对它的思索。随着科技的进步，人类对海洋的了解日益深入，但仍有很多未解之谜等待着我们去探索、去发现……

海洋的形成

海洋被称作是生命的摇篮，几个世纪以来，人们一直在探索海洋的起源。现代科学普遍认为，海洋是由大陆地壳的破裂形成的。

约22亿年前的地球

约20亿年前的地球

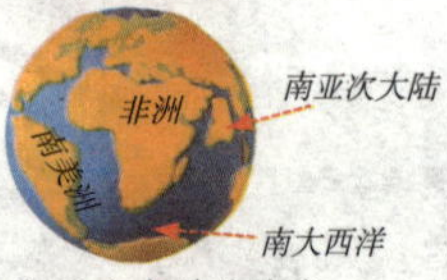

约13亿年前的地球

约1亿年前的地球

大陆漂移说示意图

海水的由来

地球在形成初期，内部含有大量的水分和气体。经过火山喷发和熔岩冷却，这些水汽被带出地表，在地壳的低洼处汇合后聚集起来，经过漫长的地质积累，便形成了海水。所以说，海水是从地球内部来的。

初生的地球，内部物质在高温下分化产生气体，从而形成原始大气。火山喷出的水蒸气，是地球上水的重要来源。

盐的故乡

由于雨水把陆地上的可溶性物质（大部分是各种盐类）带入大海，而在海水的蒸发中，这些盐类又不能随水蒸气升空，只得滞留在海洋之内。如此周而复始，海洋中的盐类物质越积越多，海洋也就成了盐的故乡。

知识小笔记

太平洋、大西洋、北冰洋、印度洋是地球上著名的四大海洋。

蓝色的海洋不时涌起惊涛骇浪

蓝色的外衣

海水的颜色是海水对光线的吸收、反射和散射作用形成的。当太阳照射到海面时，其中波长较长的红光、橙光、黄光穿透能力较强，最容易被水分子吸收。而波长较短的蓝光、紫光和部分绿光穿透能力弱，遇到海水容易发生反射和散射，这样海水便呈蓝色了。

孩子们笔下的海洋世界丰富多彩

神秘的海底世界

海底世界是地球上唯一一处人类目前还没有征服的地方。在这个黑暗的世界里，蕴藏着丰富的矿产资源和海洋生物资源，还有众多的海底奇观和未知领域，这些都成为我们探索海洋的重要因素。

沙漠之谜

No.002

如果将沙漠比作人，将沙漠的天气比作人的表情的话，那么它的表情是神秘莫测的。干旱、荒凉、与世隔绝成为沙漠的代名词，这也使沙漠成为人们心中最神秘的地方，蕴藏着无数鲜为人知的秘密。

干旱气候的产物

传统的观念认为沙漠是地球上干旱气候的产物。从沙漠的分布来看，也证实了这一观点。目前世界上大部分沙漠都集中在赤道南北纬 15° ~ 35°间，如北非的撒哈拉大沙漠、澳大利亚的维多利亚大沙漠等。

岩石的风化

科学家认为，岩石的风化也是沙漠的形成原因之一。我们知道，地球上有 1/3 的陆地是干旱区，那里降雨量少，气候干燥，日照强烈，水分蒸发快，昼夜温差大。岩石在这种气候和温度变化下，终年经历着热胀冷缩的变化，最终碎裂成砂粒，形成沙漠。

知识小笔记

因为骆驼有着特别耐饥耐渴的特性，人们能骑着骆驼横穿沙漠，所以骆驼也有“沙漠之舟”的美称。

一队骆驼正在穿越荒凉的撒哈拉沙漠

沙漠绿洲

沙漠绿洲大都出现在背靠高山的地方。每当夏季来临，高山上的冰雪消融，就形成了地下水，地下水流到沙漠的低洼地带形成湖泊。由于受地下水的滋润，植物草丛开始慢慢生长繁衍，就形成了绿洲。

沙漠里的绿洲

沙漠炎热、干旱，不是理想的生活之地，然而有些植物却在这里与恶劣的环境做着顽强的斗争。

沙漠开花

在秘鲁南北狭长、宽度仅 30 ~ 130 千米的滨海区，广泛分布着流动的沙丘，属于热带沙漠气候。但有些年份降水量突然成倍增长，沙漠中会长出较茂盛的植物，并能开花结果，这种现象被称为“沙漠开花”。据称这种现象与“厄尔尼诺”有关，但仍需做进一步探讨。

沙漠里的湖泊

沙漠里的湖泊

在中国的巴丹吉林沙漠深处，约有 113 个大小湖泊，星罗棋布。在极度干旱的沙漠里，为何会有如此之多的湖泊？这个谜团长期困扰着科学家。不过也有科学家称：这是因为沙漠下面隐藏着一个大型的地下水库。

闪电之谜

No.003

闪电是一种我们司空见惯的自然现象，但是关于闪电的形成、由闪电所引起的种种奇怪的自然现象，人类至今还没有找到合理的解释，面对一个个谜团，我们还需要做进一步的探索。

闪电的形成

我们知道，闪电一般是由带正电的暴风云和带负电的暴风云相遇产生的强大电流涌向地面时而产生出的一道明亮夺目的闪光，简言之，闪电就是云与云之间、云与地之间和云体内各部位之间的强烈放电。

闪电对人类活动影响极大，高层建筑、输电线网等特别容易遭受袭击。

最早的探索

最早探索出雷电奥秘的是美国科学家富兰克林。他用风筝做实验，证明了天上的电与地上的电是相同的。但时至今日，科学家们仍然没有完全弄明白雷电到底是怎么产生的。翻腾不息的云朵为什么会带上大量的正、负电荷呢?

note 知识小笔记

闪电的受害者有2/3以上是在户外受到袭击。他们每3个人中有两个幸存。

真正的原因

科学家们发现：在多数情况下，雷电云层的厚度超过 3 000 米才可能产生闪电。云层上部往往带正电，云层底部带负电。当正、负电荷间的电场足够强时，就击穿空气，产生闪电。一般而言，云层越厚，雷电越激烈。但是，究竟是什么驱使正、负电荷分开的呢？

画面描绘了人们刚发现球状闪电时惊慌失措的表情

埃菲尔铁塔上装有避雷针，因此强大的雷电难以对它造成损害。

球形闪电

球形闪电是一种奇特的自然现象，它呈圆球状，能存在好几分钟，球形闪电能像幽灵般地四处飘荡，游移不定。它到底是怎么形成的呢？科学界对此尚无定论。

线形闪电是最常见的闪电，它通常为非常明亮的白色、粉红色或淡蓝色的亮线。球形闪电多半在强雷雨的恶劣天气里才会出现。

更多谜团

此外，还有一些关于闪电的问题需要我们去解答，例如，为何闪电通常总是怪模怪样地呈“之”字形？为什么闪电更多地发生在陆地上而不是水面上？

龙卷风之谜

龙卷风是一种强烈的、小范围的空气涡旋，是在极不稳定天气下由空气强烈对流运动而产生的强烈旋风。它来势凶猛，破坏力极强，因此，世界各国都十分重视对龙卷风的研究。

龙卷风的得名

龙卷风，因为与古代神话里从波涛中窜出、腾云驾雾的东海跤龙很相象而得名，它还有不少的别名，如“龙吸水”“龙摆尾”“倒挂龙”，等等。根据发生的地点不同，可分为有“水龙卷”和“陆龙卷”。

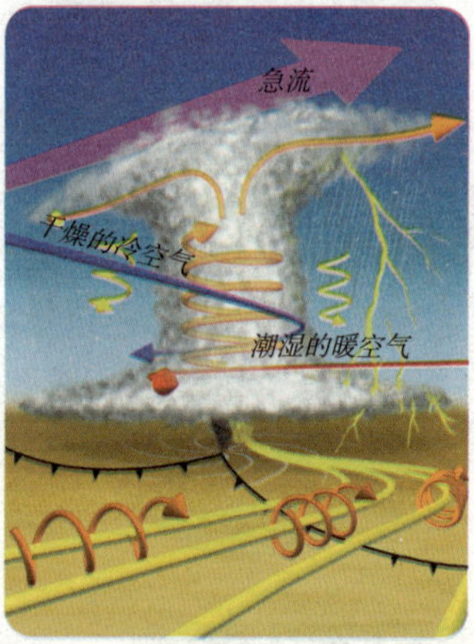

龙卷风的形成示意图

龙卷风的成因

对于龙卷风的成因，人类目前还没有定论。虽然大部分科学家认为与局部地区受热而引起上下强对流有关，但是至今还没有找到强对流可以产生龙卷风的科学依据。

图为被龙卷风揭掉屋顶的房子。1956年9月24日，上海曾发生过一次龙卷风，它轻而易举的把一个11万千克重的大储油桶“举”到15米的高空，再甩到120米以外的地方。

龙卷风的速度

由于龙卷风的风力太强，很难准确地测量其速度，但根据经过时建筑物的损坏程度以及飞扬物体的打击力度来估计，其风速一般每秒达50～100米，有时甚至达到每秒300米。

知识小笔记

如果龙卷风袭来时你恰好在家中，一定要远离门、窗和房屋的外围墙壁，尽量躲到与龙卷风方向相反的墙壁或小房间内抱头蹲下。

两张照片由两位摄影师几乎在同一时间拍摄。上面一张里，龙卷风“顺光”，因而漏斗云几乎呈白色；下面一张里，照相机朝向相反方向，龙卷风“逆光”，阳光被云层遮挡，因而漏斗云看起来非常暗。

“龙卷之乡”

美国是受龙卷风侵害最多的国家，素有“龙卷之乡”之称，平均每年有750次龙卷风。从1985～1994年，美国平均每年发生龙卷风的次数超过1 000次，总共造成约50人死亡，逾千人受伤，经济损失超过80亿美元。

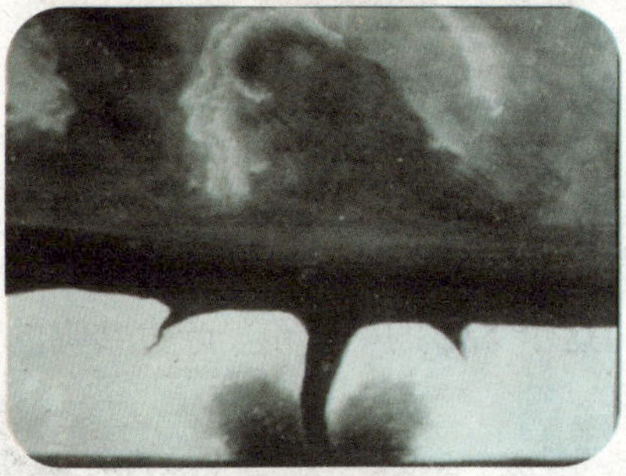

最早记录龙卷风的照片，于1884年摄于美国南达科他州。

“古怪的行为”

龙卷风虽然经常发生，它的一些“古怪行为”的确令人难以捉摸。它能把碗橱从一个地方刮到另一个地方，却没有打碎里面的一个碗碟；它常常把人们抬向高空，然后又平平安安地送回地上；有时它会席卷一切，而有时在其中心范围内的物体却丝毫无损。

鸣沙之谜

No.005

鸣沙就是指会发出声响的沙子，它是世界上普遍存在的一种自然现象，被誉为“天地间的奇响，自然界中美妙的乐章”。据说，目前世界上已经发现100多处鸣沙地。然而，究竟是什么原因使得沙子发出各种声响，至今还没有定论。

图为智利阿塔卡玛沙漠

古怪的声音

美国夏威夷群岛的高阿夷岛上的沙子，会发出好像狗叫一样的声音，所以人们称它是“犬吠沙”；分布在我国宁夏沙坡头的鸣沙则会发出轰隆的巨响，就像打雷一样。

“音箱”说

一种观点认为，由于沙粒和沙粒之间的空隙有空气，空气在运动的时候，就构成了一个个“音箱”。当空气振动的频率恰好与这个无形的“音箱”产生共鸣的时候，就会发出声响。

夏威夷岛沙滩

知识小笔记

美国的长岛、马萨诸塞湾、威尔斯河两岸，英国的诺森伯兰海岸，等等，都是著名的鸣沙地。

“共振”说

另一种观点认为，由于沙粒长期经受来自不同方向狂风的吹动，所以变得大小均匀，洁净无比，同时也具有了好像蜂窝一样的孔洞。鸣沙能发出声响，可能就是由这种具有独特表面结构的沙粒相互摩擦、共振造成的。

蒙古戈壁滩地表缺水，植物稀少，只生长一些红柳、骆驼刺等耐旱植物。

图为甘肃的鸣沙山。这里的沙丘一个接着一个，可谓沙丘如林。

“共鸣箱”说

还有人认为，由于空气湿度、温度和风的速度经常在变化，不断影响着沙粒响声的频率和“共鸣箱”的结构，再加上策动力和沙子本身带有的频率的变化，鸣沙的响声也会经常变化。但这仅仅是推断，尚未得到定论。

鸣沙山

在中国甘肃省敦煌市城南有座鸣沙山，人们如果从山顶顺着沙子往下滑，沙子就会发出一阵阵不绝于耳的声响。天气晴朗的时候，鸣沙山上会有丝竹弦乐的声音，好像在演奏音乐一样。所以，人们称它是“沙岭晴鸣”。

No.006

艾尔斯石之谜

澳大利亚艾尔斯巨石又名乌卢鲁巨石，位于澳大利亚中北部的荒漠上，是世界最大的整体岩石。它气势雄峻，犹如一座超越时空的自然纪念碑，突兀于茫茫荒原之上，在耀眼的阳光下散发着迷人的光辉。

名字的来历

1873年，一位名叫威廉·克里斯蒂·高斯的测量员横跨这片荒漠，当他又饥又渴之际发现了眼前这块与天等高的石山。高斯来自南澳洲，故以当时南澳州总理亨利·艾尔斯的名字命名这座石山。

神奇的颜色

每当旭日东升时，巨石呈现浅红色；到了中午就变成了橙黄色；傍晚夕阳西下时巨石成深红或紫色；夜幕降临时又变成了褐色；阵雨过后则呈现银灰略黑之色。因此，艾尔斯石被称为“五彩独石山”。

变色原因

关于艾尔斯巨石变色的原由众说纷纭：地质学家认为艾尔斯巨石主要由红色砾石组成，其含铁量相当高，岩石表层的氧化物随着阳光不同角度的照射，而不断地变化着颜色。

一天当中，当阳光从不同角度照射巨石时，巨石会变出许多不同的颜色，瑰丽神奇。

图中巨石曾经是土著波利吉尼亚人举行祭典的圣地，因此留下不少珍贵的岩画。

不同的说法

另一些科学家却认为神石是远古时代的一颗流星陨石，它接受着所有光芒，光滑的表面又从不同角度、不同时间对光进行折射，因而造成了色彩变幻的奇迹。

note 知识小笔记

艾尔斯巨石被称为我们“人类地球上的肚脐”，号称“世界七大奇景”之一，1987 年巨岩及其周围的公园被指定为世界遗产保护区。

“圣石”艾尔斯

一直以来，艾尔斯石是西部沙漠地区土著人宗教、文化、土地和经济关系的焦点，是他们心中的“圣石”，许多部落的土著人都在这里举行成年仪式和祭祀活动等。

尼斯湖水怪之谜

No.007

尼斯湖原本是一个默默无闻的湖，但自从传说有人在湖面看到一种庞大的长颈怪物以后，名声噪起，世界各地的游客纷纷来到这里，希望可以亲眼目睹怪兽的风采。

水怪的传说

古代一些人宣称曾经目击过这种怪兽，有人说它长着大象的长鼻，浑身柔软光滑；有人说它是长颈圆头；有人说它口吐烟雾，使湖面有时雾气腾腾……各种传说颇不一致，越传越广，越说越神奇。

尼斯湖水怪标志

水怪的发现

1933年8月的一天清晨，朝雾还没有散去，英国兽医学者格兰特骑着摩托车沿着尼斯湖畔回家，蒙眬中，他突然发现湖面上有一只颇似恐龙的怪物。几乎同一时间，到这里旅行的约翰·麦凯夫妇和修路的工人也看到了这只怪兽。据目击者的估算，怪兽大约有15米长，很像早已绝灭了的蛇颈龙一类的动物。

探寻水怪的踪迹

从1934年4月19日，英国的外科医生威尔逊拍摄到了第一张尼斯湖水怪的照片以来，科学家们借助先进的工具对水怪进行了多次搜寻，但遗憾的是至今仍然没有找到能够证明水怪存在的令人信服的证据。

苏格兰的尼斯湖水怪是世界上最出名的怪物，自它出现的近百年来，无数“水怪迷”为之疯狂。然而，至今种种迹象显示，这个长期独领风骚的“怪物”，很可能是一个巨大的骗局。孰真孰假，有待科学家的进一步探索。

尼斯湖水怪以其独特的神秘韵味吸引着全球世人好奇的目光，与之相关的电影也层出不穷。

“大骗局”

但英国媒体在1934年的报道被证实是一个恶作剧，被认为是“20世纪最大的骗局之一”。尽管如此，尼斯湖依然吸引着世界各地对长颈怪物有浓厚兴趣的人前来探险和调查。

note 知识小笔记

尼斯湖是众多相连的苏格兰高地湖泊的其中一个，其水质因大量的浮藻而非常浑浊，水中的能见度极低。

没有人真正见过尼斯湖水怪，与之相关的图片与摄影作品都带有人们的想象色彩。

永远的谜题

地球上是否真的存在一种未被发现的大型水生长颈动物呢？人们后来拍摄到的照片是否真实？尼斯湖水怪至今仍然是一个未解之谜，只要没有真正找到水怪，谜底就不会被揭开。

百慕大三角之谜

No.008

在美国东海岸的太平洋上有一个著名的旅游胜地——百慕大群岛。真正使它闻名于世的不是岛上旖旎的风光，而是它与美国佛罗里达州的迈阿密和波多黎各的圣胡安形成的三角区域，那个被称为“魔鬼三角”“死亡陷阱”“地球黑洞”的地方。

“魔鬼三角”

在百慕大这个地区，已有数以百计的船只和飞机失事，数以千计的人在此丧生。从 1880 到 1976 年间，约有 158 次失踪事件，其中大多是发生在 1949 年以来的 30 年间，曾发生失踪 97 次，至少有 2 000 人在此丧生或失踪。

百慕大三角的地图

1945 年，美国海军第 19 中队的 5 架“复仇者”轰炸机在百慕大神秘失踪，这是美国空军史上的巨大灾难。

无休止的怪事

在这片神奇的海域屡屡发现一些令现代科学根本无法解释的怪事，有人在这里失踪多年又重现，这些人有的几十年竟然毫无变化，有的在几分钟时间里骤然变老，还有的人竟然在这里死而复生。

神秘的成因

对“百慕大魔鬼三角”的解释可谓是众说纷纭，有人认为，这些失踪是外星人的飞碟在作怪。有人则认为是地磁异常、洋底空洞，甚至还有人提出泡沫说、晴空湍流说、水桥说、黑洞说等等的看法。但这些仅仅是假说而已，都没有科学依据做支撑。

↑由于百慕大群岛与美洲大陆之间有一股暖流经过，因此百慕大三角气候温和，四季如春。但是，百慕大并非因美丽的海岛风光出名，而是其恐怖神秘吸引了人们。

百慕大魔鬼三角之父

最早对“百慕大三角”进行渲染的，是合众社在1950年9月16日刊登的一篇报道称“在佛罗里达海岸和百慕大之间，船只和飞机神秘失踪”。该报道的作者琼斯可被视为“百慕大魔鬼三角之父”。

知识小笔记

根据许多精密的科学及事件起源考察，很多科学家认为百慕大神秘失踪事件可能属于一种伪科学。

↓尽管百慕大三角区吞噬了大量的飞机和船只，但百慕大群岛上的居民却照样生活得悠闲自在。

是否存在

美国学者拉里·库舍在《百慕大三角的神秘——已解》一书，认为：“沉船十分平常，百慕大之谜根本不存在。”看来，不仅人们津津乐道的百慕大神秘现象是谜，这种神秘现象是否存在也成了一个谜。

No.009

死亡谷之谜

世界之大，无奇不有。在一些人迹罕至的地方，隐伏着让人不寒而栗、毛骨悚然的死亡之地。人们把这些地方称为“死亡谷”。谷中的“神秘杀手”究竟是谁呢？

美国死亡谷

美国死亡谷位于在美国加利福尼亚州与内华达州相毗连的群山之中，它长达225千米，宽6～26千米，峡谷两岸悬崖峭壁，地势十分险恶。这里也是北美洲最炽热、最干燥的地区，误入此地的人绝难生还。但人们惊诧地发现这个人间地狱，竟是飞禽走兽的“极乐世界”。

俄罗斯死亡谷

俄罗斯死亡谷位于俄罗斯勘察加半岛的克罗诺基山区，长达2千米，宽100～300米。这里的地势凸凹不平，怪石嶙峋，不少地方有天然硫磺嶙峋露出地面，随处可见狗熊、狼獾以及其他野兽的尸骨，误入该地的人类也不能幸免。据统计，这里已吞噬过30条人命，其中以探险家居多，动物学家次之。

意大利死亡谷

意大利的那不勒斯和瓦唯尔诺湖附近的“死亡谷”与美国的“死亡谷”相反，它只危害飞禽走兽，对人的生命却毫无威胁，因此该地又被意大利人称为“动物的墓场”。科学家和动物学家们曾多次深入该谷考察，但仍未找到令人信服的答案。

意大利那不勒斯和瓦维尔诺“死亡谷”内堆积着许多动物白骨。

知识小笔记

中国的“死亡谷”位于四川峨眉山中的黑竹沟。由于里面藏有不少未解之谜，当地人们又称它为南林区的“魔鬼三角洲”。

印尼死亡谷

印尼“死亡之谷”实际是印尼的“死亡洞”。印尼爪哇岛上有许多山洞，其中有 6 个大山洞，均是使人兽死亡的陷阱。传说山洞内存在着一股巨大的引力，每当人或野兽接近时，就会被吸入洞内，必死无疑。据侦察，谷洞里已是白骨累累。

美国死亡谷国家公园里别有一番风景

第五大死亡谷

青藏高原昆仑山区的“那棱格勒峡谷”被称为“第五大死亡谷”。据说这里有很强的电场，一旦遇到突出地面的物体，就会产生“尖端放电”现象。这个地方没有树木和建筑物，雷击放电时很容易击中地面上的岩石、野兽和人。

No.010

北纬30°之谜

北纬30°素有“地球怪圈”之称，这样的称呼一点儿也不夸张。这里地质地貌纷繁独特，自然生态奇特多姿，物种矿藏丰富多样，水文气候复杂多变，无数个世界奇观、世界之最、世界之谜都不约而同地出现在这条线上。

神奇的北纬30°

在这一纬度线上，奇观绝景比比皆是，自然谜团频频发生：如千年不倒的比萨斜塔、古巴比伦的“空中花园”、加勒比海的百慕大群岛和远古玛雅文明遗址……可以说，在北纬30°线附近或在这一纬度线上，奇事怪事，数不胜数。

巴比伦“空中花园”

百慕大群岛海岸，百慕大又被称为地球上最孤立的海岛，众多经过的船只和飞机在此失踪。

“死亡漩涡区”

北纬30°不仅有许多奇妙的自然景观和难解的神秘怪异现象，而且还是恶名在外的“死亡漩涡区”，除了令人惊恐的百慕大，还有日本本州西部、夏威夷到美国之间的海域、地中海及葡萄牙海岸、阿富汗这四个异常区。

知识小笔记

据科学考证，由于各种因素，不同的地理位置与环境的重力场、电场、磁场及其他物理量都不尽相同。

探寻北纬30°之谜

谈及北纬30°的各种神秘现象，有专家认为它的成因来自地球内部；有人认为源自外部星球变动；也有人认为这里存在着超时代的技术和史前文明……对种种神秘现象的解释可谓仁者见仁，智者见智。这些扑朔迷离的怪异现象，是偶然的巧合还是某种内在联系，目前还是个让人无法猜透的谜。

中国的北纬30°

傲视群峰的珠穆朗玛、气势磅礴的长江三峡、被誉为“天下奇观”的钱塘江大潮、诡秘莫测的悬棺、神秘万分的神农架……种种奇景数不胜数，这么多奇物怪事全都分布于北纬30°这个区域，仅仅是因为巧合？还是有什么玄妙的“天机”呢？

珠穆朗玛峰简称珠峰，终年积雪，是世界第一高峰。

No.011

“怪坡”之谜

人们常说：“下坡容易上坡难。”可是世界上却有一些“上坡容易下坡难”的奇怪路段，被人们称为“怪坡”。在“怪坡”上，越是质量大的物体，越是容易发生自行上坡的奇异现象。对此，科学家们各执一词，众说纷纭。

探秘怪坡

在“怪坡”上，越是质量大的物体，越是容易发生自行上坡的奇异现象。如此“怪坡”效应，自然使游客、探险家和科学工作者产生了浓厚的兴趣，纷纷前去探求“怪坡”的成因。

> note 知识小笔记
>
> 著名诗人贺敬之参观过沈阳“怪坡”后留下这样的诗句：“自然探秘，人生解惑，一题多思，沈阳怪坡。”

图中骑车的人们下坡很费力，上坡却很容易。

沈阳“怪坡”

在沈阳“怪坡”上，汽车下坡必须加大油门，而上坡即使熄火也可到达坡顶；骑自行车下坡要用力蹬，上坡却要紧握车闸；人行走在坡上也是上去省力，下来费劲。

“水往高处流”

台湾岛台东县东河乡，有一个名叫“都兰”的旅游胜地，这里最吸引游人的便是“水往高处流”的奇景。“怪坡”旁有一股小山溪，溪水却不向下流，反而向山坡上流去，令观赏者无不为之感叹。

乌拉圭“怪坡”

南美乌拉圭的巴纳角地区，可以说是“怪坡”的聚焦点，汽车只要一开进这一地区，怪事便连连发生。更不可思议的是，汽车一旦在这里抛锚，就会被一种不知从何而来的神奇力量推到几十米远的地方。

神秘的成因

对于“怪坡”的形成原因，人们先后提出了有“重力异常”、“磁场效应”、“四维交错”、“飞碟作用”、“鬼怪作祟”和“UFO的神秘力量”……众说纷纭，却难以使人信服。

No.012 好望角风暴之谜

翻开世界地图，我们发现，非洲大陆就像一个巨大的“楔子”，深深嵌入大西洋和印度洋之间，而这个“楔子”的最尖端，就是令无数航海家望而生畏的风暴之角——好望角。

名称的由来

好望角是位于非洲西南端非常著名的岬角，虽然它的意思是“美好希望的海角”，但最初却称“风暴角”。一年 365 天当中，这里至少有 100 多天狂风怒号，海浪滔天。1486 年，葡萄牙航海家迪亚士首次将它命名为“风暴角”，后被改为“好望角”。

迪亚士的船队首次到达好望角

“船员的坟墓”

好望角附近经常发生海难事故，遇难海船和人员难以计数，甚至连它的发现人葡萄牙著名探险家迪亚士最终也葬身于此。因此，许多人称好望角为“船员的坟墓”。

"杀人浪"

这种海浪前部犹如悬崖峭壁，还不时加上旋转浪，当这两种海浪叠加在一起时，海况就更加恶劣，而且这里还有很强的沿岸流，当浪与流相遇时，整个海面如同开锅似的翻滚，航行到这里的船舶往往遭难，因此被称作"杀人浪"。

西风带说

有些人认为，好望角附近海域风浪大是由于西风造成的：因为它恰恰位于西风带上，所以当地经常刮 11 级以上的大风，大风激起了巨浪，经过的船只就处在危险之中了。

好望角的海浪

好望角是闻名于世的岬角，所以也成为艺术作品的重要题材。上图是船只在好望角失事的油画。

洋流说

美国的一位科学家认为，每次发生事故时，船行的方向正好与海浪袭来的方向相反，而海底的海流推动船只顶着海浪前进，几股力量的共同作用造成船毁人亡。但是这一说法还是无法真正解释海浪的成因。

知识小笔记

据在好望角的南非人士讲，现在每年仍有三四万艘巨轮通过好望角。西欧进口石油的 2/3、战略原料的 70%、粮食的 1/4 都要通过这里运输。

青草与矮灌木植物是好望角的特殊植物

南极不冻湖之谜

众所周知，素有“白色大陆”之称的南极是一个人迹罕至的冰雪世界。皑皑白雪是南极最美丽、最迷人的景色，在阳光的照射下闪闪发光，非常耀眼。然而，就在这个寒冷的冰雪世界里，却奇迹般地存在一个神奇的不冻湖。

不结冰的湖

南极大陆气候酷寒，−60 ～ −50℃的温度仿佛使这里的一切都失去了活力：石油在这里凝固成黑色的固体，煤油在这里由于达不到燃点而变成了非燃物。然而，就是在这样一个极冷的世界里，竟然奇迹般地存在一个面积约 48.36 万平方千米的不冻湖。

会“捉迷藏”的湖

令人费解的是，南极的不冻湖还会时隐时现。1981年，前苏联和美国派出一支由26人组成的考察队到南极。队员们按照人造卫星照片显示湖所处的位置寻找，可是找了很长时间都没有找到，仅在不冻湖水域内发现了无数温度较高的气泡。

知识小笔记

南极洲气候异常寒冷、终年覆盖冰雪，为寒带冰原气候，号称世界风库、寒极、干极。

南极大陆98％的地域被厚厚的冰层所覆盖，是世界上最大的冰库。

奇怪的水温现象

1960 年，日本学者鸟居铁在分析测量后发现，不冻湖表面薄冰层下的水温为 0℃左右，随着深度的增加，水温不断增高。16 米深处，水温升至 7.7℃。在 40 米以下，水温缓慢升高。至 50 米深处，水温升高的幅度突然加剧。至 66 米深的湖底，水温竟高达 25℃，与夏季东海表面水温相差无几。

不冻湖的成因

有的科学家推测这是气压和温度在特殊条件下交织在一起的结果；另一种观点认为，由于在南极濒临海洋的地区存在着一些奇特的咸水孔而造成的；还有人认为在南极厚厚的冰层下面，极有可能存在着一个由众多外星人所建造的秘密基地……关于不冻湖形成原因的推测还有很多，但是目前为止还没有一个令人满意和信服的结论。

如果将南极大陆的冰雪全部融化，全球海平面将上升大约 60 米。

No.014

神秘的厄尔尼诺现象

印尼的森林大火、巴西的暴雨、北美的洪水以及非洲的干旱等众多的灾难都与厄尔尼诺——这个几乎是灾难的代名词——有关。但是，厄尔尼诺现象究竟是怎么形成的呢？

什么是厄尔尼诺

从 19 世纪初期开始，秘鲁和厄瓜多尔海岸，每年从圣诞节起至第二年 3 月份，都会发生季节性的沿岸海水水温升高的现象，3 月份以后，暖流消失，水温逐渐变冷。当地称这种现象为“厄尔尼诺”，西班牙语的意思为“圣婴”，即圣诞节时诞生的男孩。

厄尔尼诺的影响

厄尔尼诺现象的危害性非常大，它曾使南部非洲、印尼和澳大利亚遭受到前所未有的旱灾，给秘鲁、厄瓜多尔和美国带去了暴雨、洪水和泥石流。此外，在这一海域里生活的浮游生物和鱼类，会因水温上升而大量死亡。

由于厄尔尼诺现象给全球带来了巨大的灾难，因此，这种现象已成为当今气象和海洋界研究的重要课题。

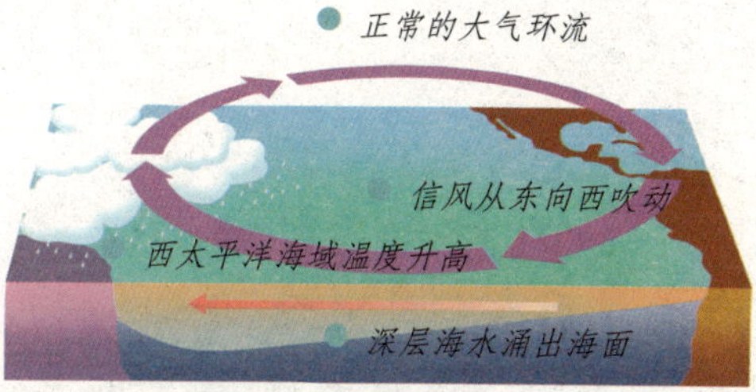

正常年份

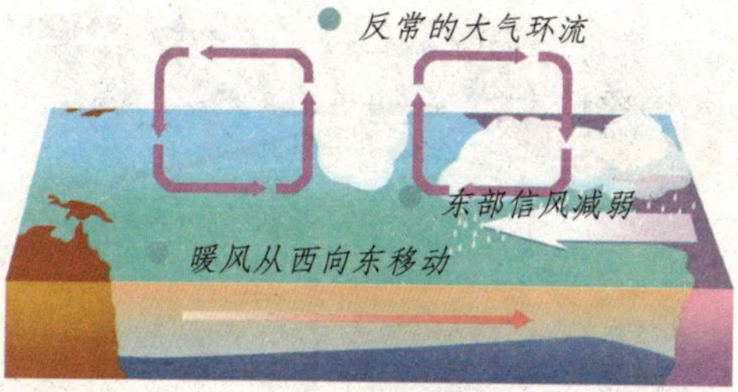

厄尔尼诺期间

频繁出现

厄尔尼诺现象是周期性出现的，大约每隔2~7年出现一次。进入20世纪90年代以后，随着全球变暖，厄尔尼诺现象出现得越来越频繁。

解不开的困惑

直到今天，人们对太平洋中出现的厄尔尼诺现象，仍有许多迷惑不解之处：发生厄尔尼诺现象时，那巨大的暖水流是从何处来的？它的热源究竟在哪里？

知识小笔记

拉尼娜意为“小女孩”，它是指赤道太平洋东部和中部海面温度持续异常偏冷的现象，这与厄尔尼诺现象正好相反。

大雪袭来，人们寸步难行

旱灾发生时植被大量枯死

原因众多

厄尔尼诺现象的出现，不是单一因素所能解释的，它的形成机理也许是大自然中的水体、大气、天文等诸多因素作用的结果。近年来，科学家对厄尔尼诺现象又提出了一些新的解释，即厄尔尼诺可能与海底地震、海水含盐量的变化，以及大气环流变化等有关。

富士山之谜

No.015

富士山是日本的一张“名片”，也是日本人心目中的“圣山”，拥有神圣而不可取代的地位。富士山的雄浑与素雅、平实与高洁成为人们永恒的赞美主题，但围绕富士山的形成这一话题，人们至今也无法找到一个准确的答案。

富士的得名

富士山名字的发音来自日本少数民族阿伊努族的语言，意思是“火之山”或“火神”。现在，富士山被日本人民誉为“圣岳”，是日本民族引以为傲的象征。

note 知识小笔记

江户时代日本著名的浮世绘画家葛饰北斋以富士山为题材创作了46幅的连续版画《富岳三十六景》(约1831年)。

富士山下的神社

东瀛圣山

富士山是日本第一圣山，作为日本自然美景的最重要象征。山顶是一个休眠的火山口，据在空中鸟瞰则有如一朵灿开的莲花般美丽，不过那是极少数人才能有幸亲身领会的另一种风貌。

富士五湖

富士山北坡有 5 个排成弧形的湖，统称为“富士五湖”，它们都是火山熔岩流造成的堰塞湖，海拔都在 830 米以上。湖水碧波微荡，与蓝天连为一体，使富士山积雪的峰顶更显洁白与壮观。

美国国家航空航天局从高空拍摄的富士山。白雪皑皑的山顶终年积雪，在阳光照射下，像一顶闪闪发光的雪冠。

休眠的火山

富士山是一座典型的圆锥形休眠火山。据记载，自公元 800 年以来，富士山共喷发过 18 次。最近的一次喷发是在 1 707 年，这次喷发形成了今日富士山的锥形。

富士山的山顶西侧从距今大约1万1千年前开始喷发出大量熔岩。

形成之谜

与许多著名的山峰一样，富士山的形成也有很多种传说。其中，根据日本佛教传说，富士山是在公元前 286 年一夜间形成的。此外，也有人说富士山是由于剧烈的地震形成的。还有人说是火山爆发形成了富士山几乎完美的对称山形。这些说法都有一定的依据，但具体富士山是怎样形成的，目前还没有一个定论。

No.016

火山口上的冰川之谜

人们都说“水火不相容”，但是在冰岛的巨大冰原瓦特那冰川上却存在着冰火相容的奇异景象。火山喷发的炽热火焰与冰川移动的巨大冰块共同构成了瓦特那冰川的变幻莫测和奇特壮观。

冰川上的岛国

瓦特那冰川位于冰岛东南部，是一处巨大的冰源，面积为8 300平方千米，居世界第三位。令人称奇的是，瓦特那冰川的冰块之多，几乎相当于整个欧洲其他冰川的总和。它覆盖的面积差不多等于威尔士或美国新泽西州的一半，部分冰层的厚度达1 000米。

知识小笔记

火山是地下深处的高温岩浆及其有关的气体、碎屑从地壳中喷出而形成的，具有特殊形态的地质结构。

冰岛间溪泉

冰与火交融

初雪、阳光和风霜替冰川刻划了万千纹理，令瓦特那冰川面目一新。上百条冰川河夹杂着由高地冲下来的污秽火山泥石，从冰川尽头破裂的冰层下冲涌出来，激流的翻滚声或冰块坠落的隆隆声随时可闻。

升起冉冉热气的温泉与寒冷的冰川形成鲜明的对比

延长中的海岸线

冰岛的心脏地带布满火山、火山口及熔岩，1/10的土地被熔岩覆盖着。这些熔岩是由200个火山爆发时所喷出来的。冰川大约以每年800米的速率流转入比较温暖的山谷中，冰块抵达低地时逐渐融化消失，留下由山上刮削下来的岩石和砂砾，就形成了新的海岸线。

No.017

死亡公路之谜

我们知道，大西洋海域中的“百慕大三角”是一个特别神秘恐怖的地方。其实，在大陆地上也存在着这样一些令人恐怖的地方，经常会发生意想不到的事故。所以，人们就把它们叫做陆地上的“魔鬼三角”。

爱达荷魔鬼三角地

美国爱达荷州的州立公路上，有一个被司机们称为“爱达荷魔鬼三角地”的恐怖翻车地带。正常行驶的车辆一旦进入这一地带就会被一股神秘的力量抛向空中，随后重重摔到地上，造成车毁人亡的惨重事故，同样是宽阔平坦的大道，然而它所造成的死亡率却是其他路段死亡率的4倍。

note 知识小笔记

在美国俄勒冈旋涡格兰特狭口外沙甸河一带，有一个奇怪的地方，这里就好像有一股巨大的漩涡一样吸引着周围的东西，所以人们就管它叫“俄勒冈旋涡”。

图为美国爱达荷州的州立公路。这一段路表面看上去极为平常，但经常使过往的汽车失控，是汽车的“死亡陷阱”。

波兰著名的建筑华沙王宫，原是土木结构。1569 年至1572年城堡被改建为泽格蒙特·奥古斯特国王的王宫和议会所在地。17 世纪中叶，王宫已经成为华沙的主要景观。

波兰的死亡公路

在波兰首都华沙附近有一个地方也有一条“死亡公路”，司机们驾驶着汽车来到这里，就会忽然感到脑袋昏沉沉的，就好像是吃了什么迷幻药似的，结果造成了车毁人亡的事故。非但如此，就连猪、狗这样一些动物只要在这个地方一停留，就会昏昏沉沉。但猫、鸟、蛇这样的小动物在这个地方却生活得很好。

中国的陆地百慕大

在兰州至新疆的一条公路上，不但翻车事故频繁发生，而且翻车的原因也神秘莫测。一辆好端端的、正常运行的汽车行驶到这里，有时便像飞机坠入百慕大一样，突然莫名其妙地翻了车。这种车毁人亡的重大恶性事故，每年少则发生十几起，多则二三十起，尽管司机们严加提防，但这种事故仍不断发生。

等待揭开的谜团

究竟是什么原因导致这种奇怪现象的发生呢？科学工作者们也试图给出一个合理的解释。他们对各个“死亡公路”进行了实地考察和研究，得出的结论是：这些现象的产生是受到地下水脉辐射的影响。但地下水脉为何能够产生如此强烈的辐射？人们能够克服吗？……这些问题都是等待科学工作者去揭开的谜团。

No.018

岩石发声之谜

在世界上有些地区，岩石能够发出悦耳的声音，忽而委婉动听，好像抒情的小夜曲；忽而哀怨低沉，好像低沉的悲歌。然而，这些岩石为何能发出奇特的声音，我们至今没有找到答案。

印第安人的圣石

在美国加利福尼亚州的沙漠地带，有一块巨大的岩石。每当月亮升起在天空的时候，印第安人就纷纷来到这块巨石周围，点起一堆堆篝火，然后就静静地坐在地上，冲着那块巨石顶礼膜拜……这时候，那块巨石慢慢地发出了一阵阵迷人的乐声，巨石周围的印第安人一边顶礼膜拜，一边如醉如痴地欣赏着这美妙的乐声。

note 知识小笔记

岩石根据其成因、构造和化学成分分类，按其成因主要分为三大类：火成岩（岩浆岩）、沉积岩和变质岩。

美国加利福尼亚州的沙漠地带

"发声岩石"异常地带

在美国的佐治亚州，也有这样一种会发出声音的岩石，人们称之为"发声岩石"异常地带。这里堆满了大大小小的岩石，它们不仅能够发出声音，而且发出的声音还很有节奏感。当有人用小锤轻轻敲打这里的任何一块岩石时，周围的岩石和碎石片都会同时发出一种十分悦耳动听的声音。

美国加利福尼亚州沙漠地带中突兀耸立的岩石

自然界中有很多奇形怪状的岩石，它们真的会发声吗？

有待考证

到底是什么原因使这些奇异的现象发生的呢？有人说，这是个地磁异常带，存在着某种干扰源，岩石在辐射波的作用下，敲击的时候就会受到谐振，于是就发出了声音。然而，这只是一种推测，还有待于科学证实。

地球磁场示意图

No.019

岩石生蛋之谜

你相信吗？石头也能生蛋。在中国贵州省三都县就有一座能不停生出石蛋的悬崖。那么，究竟是谁赐予它如此神秘的力量，巍巍陡崖里又藏着怎样的千年之谜呢？

30年一"产"

根据当地县史记载，这里每隔30年就会从岩石中落下一个光滑的蛋状圆石头，所以有了"岩石生蛋"的说法。掌握这个规律，当地的居民几乎可以推算出下个石蛋"出生"的时间。据推测，这里最小的石蛋重十几千克，最大的约有100千克以上。

知识小笔记

岩石是组成地壳的物质之一，是构成地球岩石圈的主要成分。

岩层的挤压

有专家认为，这一带山地处于"下泥盆纪"地质层上，它的形成和此后的岩层挤压中，由于结构成分的差异，逐渐产生不同的形状。

大千世界，无奇不有。你听过光秃秃的、冰冷的山壁会生蛋吗？

结晶脱落

还有些地质学家和生物学家通过对石蛋外表的纹络分析认为石蛋可能是由于岩石中含矿物质的差异在地壳中受热形成的一种结晶体，它们又在之后的热运动中逐渐脱离岩石。

由于长期的风吹日晒、雨水冲刷、生物的破坏等作用，地壳表面的岩石形成了形态各异的面貌。

"沧海桑田"

还有人认为在很久以前，这里曾是一片汪洋大海，海底可能存在很多漩涡，有些物质在水的切力下搓成球状的凝聚体。后来，由于一系列地质运动，这里慢慢变成了陆地。由于四周岩石风化速度比较快，所以球体逐渐失去了依托，成为岩石下出的"蛋"。

更多未解之谜

有些科学家通过研究发现，石蛋是含有二氧化碳的水啃咬岩石的结果。可是，为什么这些石蛋要每隔 30 年才生一个，而且多年以来一直都没有误差呢？有人认为这是万有引力引起的，可是万有引力是怎样发挥作用的，却没有人能给出一个合理的解释。

No.020

纳斯卡奇异图形之谜

在秘鲁南部荒凉而贫瘠的纳斯卡平原上，存在着一个跨越2000年的谜局：一片绵延几千米的线条，构成各种生动的图案，镶刻在大地之上，这些线条沉默无言，似乎在耐心等待后人的破解。

神秘的图案

整个纳斯卡谷地布满了由宽窄不一的“沟”组成的三角形、长方形、平行四边形、菱形和螺旋形等几何图形。它们又分别组成蜥蜴、蜘蛛、章鱼、老鹰、海鸥、孔雀以及仙人掌等动植物的轮廓图。

纳斯卡谷地的奇异图形——蜘蛛

知识小笔记

德国女数学家玛利亚·莉切将自己的一生献给了纳斯卡图形。为了保护这些图形，她每日清扫覆盖在上面的沙石，从不间断，直至1998年去世。为此，秘鲁政府为她举行了隆重的国葬仪式。

纳斯卡谷地的巨画

当太阳升起时，一幅美丽奇异的图画便清晰地展现出来。然而，当太阳升至高空之后，这些巨画便会突然消失得无影无踪。如果站在平地上去观看，这些奇妙的图案将立刻失去所有的魅力。也正因如此，这些巨画被称为“世界第八奇迹”。

最离奇的说法

关于这些图形最离奇的说法应该是，火星人曾降临到这颗蓝色的星球，并将纳斯卡做为基地，地面上的这些巨大图形便是太空船降落时的跑道和指标。另一种同样异想天开的说法是，古时候，这里的人乘坐热气球离开地球，并留下这样的残迹。

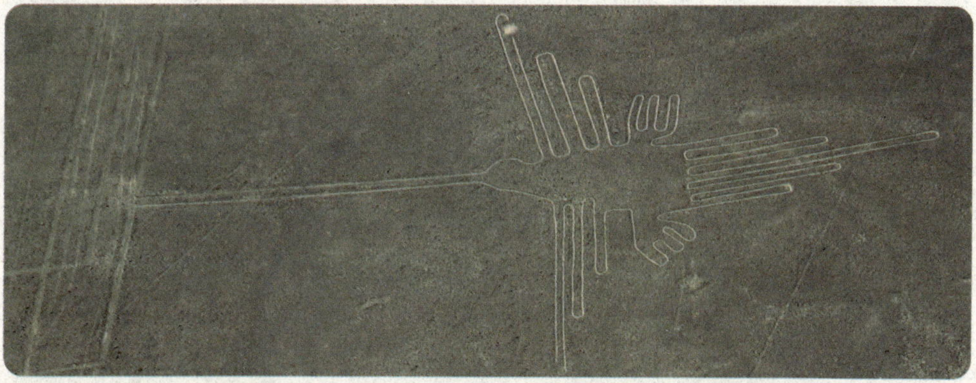

纳斯卡奇异图形——蜂鸟

纳斯卡图案的用途

关于这些图形的用途和作用，一种说法是，这些图形也许是古印第安人的天文日历，它们根据阳光在哪条线上沉落来确定季节和时辰；另一种说法是，这些图形与当时印第安人举行的盛大宗教祭祀活动有关。目前，大多数人认为这些图形可能是古印第安人的道路标志或灌溉系统。

接踵而来的困惑

伴随着图案的发现，一系列谜题接踵而来：这些奇异的图形究竟是如何绘制的？谁才是它们的创作者？巨画的用途又是什么呢？经过认真的研究后，科学家如今可以确定的是，这些奇异的图形出自古印第安人之手。

飘忽不定的"佛灯"之谜

NO.021

"佛灯"是一个千古之谜，人们对它的认识一直是模糊而神秘的。虽然近年的研究使人们对它有了突破性的认识，但仍无翔实的资料证明其真实的来源。

"佛灯"的来历

由于最早出现"佛灯"的地点是在天池山文殊台下，所以古人便认为这是神灵和仙佛手提灯笼在天地间穿行，各种解释神乎其神，不可思议。到了近代，人们则认为"佛灯"是夜间山谷中的磷火。

"云层反射"说

1981 年底，一位在海军航空兵服役的飞行员提出佛灯是"云层对星光的反射"所致。云层就像一面镜子似的反射星光，而且云层在运动，被它反射的星光也在动，所以就造成忽明忽暗，时聚时散，神秘莫测的效果。

疑惑之处

尽管云层反射星光产生“佛灯”的观点有一定的理论依据，但是与天池山地理环境及自然条件相同的地方在其他地方比比皆是，而“佛灯”却很少在这些地方出现。

萤火虫一闪一闪的飞舞在灌木丛的上空，就像一盏盏小灯笼，它的发光是一种吸引异性的信号。

note 知识小笔记

五百多年前的明代学者王守仁在天池寺留宿时看到了佛灯。写下了著名的《文殊台夜观佛灯》一诗。诗云：老夫高卧文殊台，拄杖夜撞青天开，撒落星辰满平野，山僧尽道佛灯来。

“佛灯”的身世之谜

有人认为“佛灯”是山下灯光的折射造成的；也有人说是星光在水田里的反射所致；还有说是萤火虫在飞舞……此外，诸如山中的荧光石发光说和死去动物的骨骼所含的磷质在空气中自燃说，种类繁多。然而，这些说法都有漏洞，难以令人信服。

五台山是驰名中外的佛教胜地，飘忽不定的佛光使这里更加神秘。

夜明珠发光之谜

No.022

自古以来，人们常常怀着爱慕、惊异、迷惑不解的心情，对夜明珠津津乐道。古代的一些文学作品和民间传说，为夜明珠蒙上了一层层神秘的面纱。在人们看来，夜明珠，就是诡异、神奇的自然之宝。

夜明珠

夜明珠在我国古代民间又名叫“夜光壁”、“夜光石”、“放光石”。古代中国人喜爱叙利亚产的夜明珠，它别名为“孔雀暖玉”。据说，印度一些人把夜明珠称为“蛇眼石”。日本的夜明珠是一种特殊的红色水晶，被誉为“神圣的宝石”。

note 知识小笔记

据上海大世界吉尼斯记录，世界最大的夜明珠直径1.6米，重6.2吨。通体绿色，圆滑光润。

历朝历代典故中的夜明珠

据史籍记载，早在史前炎帝神家时就已出现过夜明珠，如神农氏有石球之王号称“夜矿”。春秋战国时代，如“悬黎”和“垂棘之壁”，价值连城，可比和氏璧。秦始皇殉葬夜明珠，在陵墓中“以代膏烛”。武则天赐与玄宗玉龙于夜明珠，玄宗又回子（世宗）一清珠，光照一室。宋元明时，皇室尤喜夜明珠。

"物以稀为贵"

夜明珠本从矿石中采集而得，但它在地球上的分布是极为稀少的，开采也很困难，故此这显得格外珍贵。一些古描写它具有"侧而视之色碧；正面视之色白"的奇异闪光。

更多未解之谜

据说，有一种叫做水晶夜明珠的，能发出"火焰"般的夜光，但其中的发光物质究竟是什么？至今还不太清楚。总之，夜明珠至今仍是尚未彻底揭开的一个千古奇谜。

夜明珠的发光之谜

一些宝石学家认为，因为在夜明珠的萤石成分中混入了硫化砷，钻石中混入了碳氢化合物。当然，这种看法不一定全面、准确。夜明珠还有许多奥秘，至今还没有被专家们了解。

→自然界的矿物种类数以千计，其中有20多种矿物能在外来能量的激发下发出可见光。如萤石、金刚石、锂辉石、祖母绿等稀有矿物。

海底淡水来源之谜

No.023

海水因为含有各种盐类的存在，味道又咸又苦。然而，近年来科学家们在海底发现了甘甜的淡水，而且储量惊人。人们不禁要问，茫茫海底里的淡水从何而来？

海底淡水

海底淡水是指自然界赋存于海底之下具有较大空隙度的地层或构造中的淡水资源。

海底淡水的成因

一方面，在很久以前的地质历史时期，现在的一些海底原来可能是陆地，在历经海陆变迁后，其中的水分可被原封不动地保存下来；另一方面，海底含水层中的咸水在自然条件下自发淡化成淡水，成为海底淡水的又一个来源。

湛蓝色的爱琴海是知名的旅游胜地。

海底淡水的来源

对于海底淡水的来源，各国科学家经过艰辛探索，提出了不少理论，主要有渗透理论、凝聚理论、岩浆理论、沉降理论等。虽然关于海底淡水的来源目前还没有定论，但科学家们不会停止探索的脚步。

摇曳多姿的深海海底别有一番风景

知识小笔记

地球上水的总量为 14 亿立方千米，其中淡水只占 2.5%。人类可以利用的河流和湖泊中的淡水仅占淡水总量的 0.3%。

海底淡水的应用

海底淡水的实际应用可追溯到 1498 年。当年，哥伦布率领的航行队在奥里诺科河口海域中意外获得淡水，解决了船上的缺水危机。

据说，哥伦布率领的远航队也曾意外地发现了淡水资源。

前景可观

法国是世界上第一个实现海底工业化的国家。2003 年，法国纳菲雅水公司在意大利芒冬和凡蒂米之间把一个郁金香花形的不锈钢管固定在海床上，让海底 36 米深处的淡水沿管道喷射出海面。

No.024

长白山天池“水怪”之谜

长白山天池是世界最大、最深的火口湖。近百年来，被传说得沸沸扬扬的“怪兽”之谜为这座壮美的高山湖泊增添了一份神秘的色彩。

第一次露面

自1962～1980年共有20多人5次目睹过天池“怪兽”。此外，长白山最具权威性的《奉天通志》《长白汇征录》等，都对天池“怪兽”有记载和描述。关于“怪兽”的形状，有的形容为方顶有角、长项多须的蛟龙，有的比喻为头大如牛、体型如狗、嘴状如鸭的怪物。

note 知识小笔记

长白山天池四周奇峰林立，池水碧绿清澈，是松花江、图们江、鸭绿江的三江之源。

长白山天池

神秘"怪兽"频频露面

从 20 世纪初地方文献的详细记载到近几十年数以千计的人几十次的目击，使天池存在"水怪"成为难以否认的事实。2005 年 7 月，神秘的天池"怪兽"频频出现，并且被游客摄入了镜头之中，它再次成为被吵得沸沸扬扬的热门话题。

风景如画的长白山天池真的有水怪吗？

天池水怪谜案

在 2000 年到 2005 年之间，不断有人在长白山天池中发现了水怪，引起了世界各界人士的关注。事隔 5 年之后，科学家们提出水怪是因为水獭造成的幻觉。原因是在摄像机里拍摄的水怪和水獭有惊人的相似，而且水獭一般都是在春季离开天池秋季来到天池。

揭开怪兽之谜

长白山天池"怪兽"之谜引来无数寻找谜底的人，但长白山天池中究竟有没有"怪兽"却是一个未解之谜。它为何能在缺乏食物的环境中长期生存？至今没有定论。这个世界之谜还需要经过更长时间的研究才可以彻底揭开谜底。

长白山天池旁水怪的雕像吸引了众多游客

动植物谜团

地球是一个和谐的乐园，动物、植物以自己的方式生活在地球上。恐龙留下的悬念、神出鬼没的水中怪兽、荒野中的大象坟场、植物是否有情感……都是大自然留给我们的一个个未解之谜。此刻，让我们在领略到大自然无穷魅力之后，去营造更加和谐的人与自然关系。

No.025

猛犸象灭亡之谜

它们曾经是世界上最大的象，它们曾经在这个蓝色的星球上风靡一时。考古学家曾在阿拉斯加和西伯利亚的冻土和冰层里，不止一次发现了它们的冷冻尸体。猛犸象，这个神秘的物种是怎么样消失的呢？

关于猛犸象

猛犸象是生活在寒带的大型古哺乳动物，最早生活在北半球的第四纪大冰川时期，主要以草和灌木叶子为生。一头成熟的猛犸象，身长达 5 米，高约 3 米，门牙长 1.5 米左右，体重可达 4 ~ 5 吨。猛犸象具有极强的御寒能力，身上披着黑色的细密长毛，而且有厚度约 9 厘米的脂肪层。

猛犸象与现代象不同，它们并非生活在热带或亚热带，而是生活在北方严寒气候的一种古哺乳动物。

←猛犸象

猛犸象与人类

猛犸象曾是石器时代人类的重要狩猎对象，在欧洲的许多洞穴遗址的洞壁上，常常可以看到早期人类绘制它们的图像。

note 知识小笔记

猛犸，俗称长毛象，是一种长鼻目的特化的象，周身覆盖有长毛。

猛犸象的进化

猛犸象与今天的大象有亲缘关系，但它却比今天的大象凶猛得多。成年的猛犸象体型庞大，在平原上，其他的动物对它们不构成威胁。科学家们声称，猛犸会忽然去攻击任何在它看来是“威胁”的动物，而对手往往在“醒过神”来之前就被碾死。

←现代象是从始祖象进化而来的。科学家根据化石发现，始祖象仅吻部较长，体型比现代象小很多，肩高只有约 0.7 米，身长约 3 米。

↑猛犸象到底为何灭绝？真正的原因目前不得确定，但是在科学家的研究下，相信这个谜团一定会被破解。

猛犸象的灭绝

猛犸象生活到距今 1 万年的时候突然全部绝灭了，是什么原因造成的呢？专家们做过仔细的研究，找出了许多的原因。其中，气候转变、种群生长速度缓慢、人类猎杀是三种主要观点，现在还有人提出了新的观点，例如瘟疫的散布等。

No.026 恐龙灭绝之谜

在距今两亿多年前的中生代,曾经有一种神奇而古老的动物成为地球上的尊贵霸主——恐龙。然而,这种曾经统治地球长达1.5亿年的庞大动物类群,为何会在中生代末期突然销声匿迹呢?

恐龙分类

恐龙的种类繁多,它们的体型和习性相差甚远,根据食性可以分为草食性恐龙、肉食性恐龙及杂食性恐龙三大类;而根据骨骼化石的形状,则可以分成鸟龙类和蜥龙类。这些恐龙有在天上飞的,有在水里游的,还有在陆上爬的。

灭绝之谜

关于恐龙绝种的真正原因,到目前为止仍旧是一个未解的谜题。科学家通过长期的深入研究,提出了各种观点,其中比较有代表性的有:小行星撞击说、气候变化说、优胜劣汰说、生物周期性灭绝说及新星爆炸说。

note 知识小笔记

1842 年英国古生物学家理查·欧文将恐龙称之为“令人恐怖的蜥蜴”,其拉丁文学名为 Dinosaur,汉语译为“恐龙”。这是世界上第一次提出“恐龙”一词。

小行星撞击说

1979 年，美国加州大学伯克利分校著名物理学家路易斯·阿尔瓦雷兹提出了著名的小行星撞击说，这种观点如今得到越来越多科学家的支持。据说，在恐龙生活的年代，天外有颗小行星撞击了地球，引起了大爆炸，而这次大爆炸使所有恐龙濒临灭绝。

恐龙的后裔

有人认为恐龙并未灭绝，而是进化成了鸟类。他们认为：现代的鸟类，从体型最小的蜂鸟到体型最大的鸵鸟，全部是恐龙的后代。此外，在印度尼西亚的科莫多岛，生活着一种头像蛇、身体像蜥蜴、四肢短粗、体态庞大的名叫科莫多龙的动物，被人们认为是史前恐龙的后裔。

有些科学家依据达尔文的进化论，提出了优胜劣汰的学说。他们认为，导致恐龙最终灭绝的原因是由于恐龙自身种族的老化以及在与新兴的哺乳动物的进化竞争当中的失败而造成的。

No.027

海豚之谜

海豚是一种本领超群、聪明伶俐的海中哺乳动物，属体型较小的鲸类，它广泛分布于世界各大洋，经过训练，能打乒乓球、跳火圈等。除人以外，海豚的大脑是动物中最发达的，它还拥有许多人类无法解释的本领。

海洋公园的"大明星"

海豚天生好动，善于模仿，在海洋公园里，经过驯化的海豚可以表演很多高难度的动作。当它"玩性大发"时，所有被碰上的东西都会成为它们的玩具。它们可以表演"唱歌""顶球""牵船""打保龄球""钻火圈"等很多精彩的节目。

"海中智叟"

从解剖学的角度来看，海豚的脑部非常发达，不但大而且重。海豚大脑半球上的脑沟纵横交错，形成复杂的皱褶，大脑皮质每单位体积的细胞和神经细胞的数目非常多，神经的分布也相当复杂。

海豚是一类智力发达、非常聪明的动物，经过人类的特殊训练，海豚可以做出相当难的表演动作。

大脑“轮休”

海豚的睡觉方式采取的是“轮休制”，它的两个大脑半球可以轮流休息。当右侧的大脑半球处于疲惫状态时，左侧的大脑半球却处于兴奋状态，每隔十多分钟交替一次，非常有规律。它们是如何做到这一点呢？这种习性又是怎样形成的？现在仍然是一个谜。

小海豚浮出海面时，海豚妈妈会小心翼翼的保护着海豚宝宝。

“海上救生员”

自古以来流传着许多关于海豚救人的美好故事，海豚也因此得到了一个“海上救生员”的美名。这究竟是为什么呢？海豚难道真的通人情吗？

海豚救人

“照料天性”

海洋动物学家认为，海豚救人的美德，来源于海豚对其子女的“照料天性”。原来，海豚是用肺呼吸的哺乳动物，它们在游泳时可以潜入水里，但每隔一段时间就得把头露出海面呼吸，否则就会窒息而死。因此刚出生的小海豚最重要的事就是尽快到达水面，但若遇到意外的时候，便会发生海豚母亲的照料行为。

知识小笔记

海豚属于哺乳纲、鲸目、齿鲸亚目，海豚科，通称海豚，是体型较小的鲸类。

企鹅识别方向之谜

No.028

企鹅被誉为“南极主人”，它拥有浓密的羽毛和厚实的脂肪，能使它保持体温，笑对严寒。此外，企鹅还有一项特殊本领，那就是在白茫茫的冰原雪野，没有任何标志，它却从来不会迷路。

更换“外衣”

成年企鹅每年都会更换一次羽毛，此时，新的羽毛逐渐生长出来，但是旧的羽毛却不会马上脱落，每根新生羽毛就直接长在旧羽毛的下面，等到新生羽长成后，旧羽毛才全部被推出去。所以，企鹅不会有全身裸露的时候。

常年生活在南极大陆的企鹅

知识小笔记

企鹅是一种不会飞行的鸟类，属于企鹅目，企鹅科。

负责任的爸爸

与别的鸟类不同，小企鹅是由企鹅爸爸孵化出来的。雄企鹅把蛋放在温暖的脚背上，用肚子上浓密的羽毛把它盖住。为了避免蛋滚落到雪地上，雄企鹅的双脚必须平衡，而且它们要将这种姿势保持到第二年的春天，直到小企鹅孵化出壳，真是辛苦至极。

企鹅幼仔从孵化到完全独立的期限，从2个月到5个半月不等。

伟大的旅行家

每年的11月份，南极大陆白雪皑皑，晴空万里，开始了长达半年的白昼。这时，企鹅爸爸和企鹅妈妈们，会带着它们的儿女离开家乡，到千里之外的海洋中寻觅食物。等到第二年2～3月份，南极的寒夜再次来临，企鹅们又日夜兼程地返回故乡。它们就这样年复一年，从不间断。

永不迷路

令人不解的是，企鹅迁徙的时候从来不会迷路，不管离开栖息和繁殖的地方有多远，它们都能顺利的返回故乡，辨别方向的能力令人惊讶。那么，企鹅究竟是依靠什么“秘密武器”来探路的呢？

在茫茫冰雪覆盖的南极，人类特别容易失去方向感，可是企鹅却从不迷路。

美人鱼之谜

No.029

自古以来，世界上就流传着各种关于美人鱼的传说和故事，她几乎已经成为一种概念、一种图腾被世人广泛认可。然而，现实世界是否真实存在美人鱼呢？人类至今仍无法解开这一谜题。

传统形象

按传统说法，美人鱼以腰部为界，上半身是美丽的女人，下半身是披着鳞片的漂亮的鱼尾。这一形象来源于德国传说及诗歌中常提及的美丽人鱼洛雷莱。

↑在大部分文学作品当中，美人鱼没有灵魂，像海水一样无情；声音通常像其外表一样，具有欺骗性。

知识小笔记

丹麦作家安徒生的经典作品——《海的女儿》里的美人鱼最富盛名。

传说中的美人鱼

传说美人鱼是出海人的诅咒，她们上半身美得让人窒息，下半身却是长满鳞片的冰冷鱼尾，再加上魅惑人心的歌声，无数的水手们就被这样引向不归路，据说美人鱼没有灵魂。

丹麦哥本哈根港口海滨公园沙滩上的美人鱼雕像

约翰·威廉姆·沃特豪斯笔下的美人鱼。大家所熟悉的美人鱼，下半身只有一条尾鳍，但在古老的西方绘画里，美人鱼通常都是两条尾鳍。

真实存在？

有人认为美人鱼确实存在，无论是历史记载还是现代目击者所描述，美人鱼都有半身像人，半身像鱼的共同特征。美人鱼和人类最相似的地方就是它们也有很多头发，肌肤十分嫩滑，雌性的乳房和人类女性一样，并抱着小人鱼喂乳。

海牛似美人

另一种观点则认为，传说中的美人鱼可能就是一种名为“儒艮”（俗称海牛）的海洋哺乳动物。儒艮胎生幼子，并以乳汁哺育，哺乳时用前肢拥抱幼子，母体的头和胸部露出水面，避免幼仔吸吮时呛水，这大概就是人们看到的美人鱼抱仔的镜头。

儒艮是海洋中的草食性哺乳动物

根本不存在

也有许多科学家认为世界上根本不存在既像人又像鱼的生物，美人鱼只是人们的一种幻觉，大多数关于美人鱼的传说纯属无稽之谈。

鱼类变性之谜

美丽的鱼儿在水中欢快地游动着，在人类看来，它们虽然默默无闻，不会表达喜怒哀乐，但却不动声色地进行着一些人类至今无法完全理解的“重大变革”……

红鲷鱼的变性

每个红鲷鱼家庭通常是由 20 多个成员组成，其中只有一尾是雄鱼，其余的都是雌鱼。如果这尾雄鱼也死去或失踪，那么从剩下的雌鱼中又会变性出一尾雄鱼。以此类推，总之，这个红鲷鱼家庭中始终都要有一尾雄鱼。

身份互换

我们所熟知的黄鳝，刚出生时都是清一色的“女儿身”，而一旦性成熟产卵后，它们的生殖系统会突然发生变化，变成“男儿身”。因而，苗条瘦小的黄鳝个个都是雌鱼，而个头粗大的黄鳝个个都是雄鱼。

怪异的行为

石斑鱼的变性行为非常奇特，当这一海域雄性多、雌性少时，一部分雄性石斑鱼就会变成雌性；而当这一海域雌性多，雄性少时，一部分雌性石斑鱼就会变成雄性，以保证产下数量众多的下一代。

不可思议的变性

生活在印度洋里的一种海葵鱼，是一种终生配对的海鱼。它们每一对中，体型较大者总是雌性鱼。当雌鱼死亡后，雄鱼很快就改变性别，身体也随之“发胖”，然后再去与另一条个体较小的雄鱼配对。

知识小笔记

鱼类终生生活在海水或淡水中，大都具有适于游泳的体型和鳍，用鳃呼吸，以上下颌捕食。

鱼类变性之谜

根据科学家们研究分析，某些鱼类改变性别的目的主要是为了能够最大限度地繁殖后代和使个体获得更多的异性刺激。因为鱼的卵子比精子大许多，雌雄双方都承担既排精又排卵的任务，就更能保障种群数量。

No.031

候鸟迁徙之谜

随着季节变化而南北迁移的鸟类称为候鸟，如燕子、大雁、杜鹃等。据统计，全世界共有近4000种鸟类有迁徙的习惯，每年迁徙的鸟类总数不少于100亿只。鸟类迁徙是科学领域的一个重要研究课题。

迁徙

迁徙是候鸟一年生活周期中规律性的必然过程，通常每年春、秋迁徙两次：春季向繁殖区迁徙，比较迅速而有规律，秋季向南迁徙，比较迂缓散漫。迁徙是一个非常艰苦的过程，因此，在迁飞之前，候鸟往往要做充分的准备，例如积累脂肪，储备足够的能量等。

飞行之王

许多候鸟迁徙的距离和速度是非常惊人的。有人通过观察证明，北极燕鸥是迁徙距离最远的鸟类。一只北极燕鸥从俄罗斯的摩尔曼斯克出发，最终抵达澳大利亚的弗里曼特尔南部，全程2.25万千米，飞行的速度达每小时80~90千米。

note 知识小笔记

每年随季节的不同，在繁殖区和越冬区之间进行迁徙的鸟类称为候鸟。

准确的识别

候鸟的迁飞时间、路线几乎每年都不变，更奇特的是，有些候鸟在第二年返回故乡时，还能找到它们往年住过的“老房子”，并在这座“房子”里一代一代地生活下去。

每年4月初，数万只鹈鹕从南方飞来栖息在青海湖鸟岛及其周边的湿地、浅滩。

环境适应

貌似弱小的鸟类，并没有使用任何高科技工具和手段，为什么能将这种特殊的旅行安排的如此完美呢？这一直是生物学界一个悬而未解的谜题。

迁徙的“法宝”

近年来，通过科学家的认真研究表明，鸟类有特别发达的“方位感”，可以借助太阳和星辰的方位来判断局部时间，并决定迁徙的方向。此外，还有人认为，鸟类能感受到地球的磁场，并加以定位。这些都是它们迁徙的“法宝”。

秋季来临，大量候鸟开始一年一度的迁徙活动。图为候鸟迁徙时的壮观景象。

大象坟场之谜

No.032

自古以来就有这样一种传说：大象有固定的坟场，当年老的大象预感到自己将要死亡的时候，就会默默离开象群，走向密林深处。那里虽然人迹罕至，但是却有自己祖辈葬身的坟场……

大象的葬礼

据说大象是一种很重感情的动物，每当有象不幸死去的时候，它的同伴都会为它举行葬礼，然后集体把它下葬。而“象墓”一般也被同伴踩踏成平地，所以人们很难找到大象的坟墓。

偷猎者的谎言

有人认为大象坟场只是某些偷猎者编出来的谎言，为了掩盖他们捕猎大象的罪行，于是他们就捏造了发现大象坟场的故事。

坟场不为人知

也有些人认为，现在由于人类活动范围扩大，大象的生存环境发生改变，很难找到不为人知的坟场，所以出现“就地埋葬”的情况，但是这并不能说明大象过去没有坟场。

这是大象坟场？真的存在吗？

葬身沼泽

还有人认为大象临死前都会走进沼泽地里，所以人类无法发现它们的尸体，但这仅仅是人们的猜测而已。

更多谜团

被埋葬的都是母象或幼象，长着珍贵象牙的老公象的尸体却从来就没被发现过。这又该如何解释呢？如果大象真的可以预知死亡，那么它为什么会先知先觉呢？也许在将来的某一天，这些谜团会被逐一破解。

知识小笔记

象牙一般是指公象的獠牙，它一直被作为名贵的雕刻材料，因此，大象遭到大肆滥捕，数量急剧下降。

No.033

鹦鹉学舌之谜

鹦鹉是一种漂亮温顺的鸟类，人们喜欢它们的一个重要原因在于它们能够模仿人的语言。鹦鹉学舌之谜自古就是人们十分关注的话题，在我国的古书中记载着不少关于鹦鹉能言的神奇传说。

"绿衣使者"

相传唐朝时，长安富商杨崇义在家中被杀，地方官到他家中勘察现场，一只被关在笼子里的鹦鹉反复念叨着一个叫"李龠"的名字。后来一查，李龠果然承认自己是杀人凶手。后来，这件事情传到了皇宫，唐明皇立刻下旨赐予破案有功的鹦鹉"绿衣使者"的封号。

鹦鹉在动物界中占有非常重要的地位。全世界大约有 300 种鹦鹉，主要分布在大洋洲、亚非大陆和中南美大陆。

“效鸣”

有人认为，鹦鹉和其他鸟类之所以会说话或者能发出别的声音，仅仅是一种仿效行为，也称为“效鸣”。鸟类并没有发达的大脑皮层，鸣叫的中枢位于比较低级的纹状体组织。因而，它们不可能懂得所模仿声音的真正含义。

鹦鹉凭借其美丽无比的羽毛，善学人语技能的特点，备受人们喜爱。

不同的观点

然而，还有一些科学家认为，鹦鹉说话并不是纯粹的生搬硬套，也并非传统意义的“人云亦云”。经过训练的鹦鹉已经具有初步的分类概念和词语组合能力。

鹦鹉作为宠物鸟类，其中很多种类都被人们作为公园以及家庭的观赏鸟类进行驯养和繁殖。

note 知识小笔记

鹦鹉是典型的攀禽，两趾向前，两趾向后，适合抓握，它的鸟喙强劲有力，可以食用硬壳果。

鹦鹉学舌之谜

鹦鹉的舌根发达，舌头圆滑柔软，转动灵活。由于这些优越的生理条件，所以鹦鹉模仿起人语来维妙维肖。

海龟“自埋”之谜

No.034

海龟是存在了1亿年的史前爬行动物，是有名的“活化石”。众所周知，海龟属于比较懒惰的动物，可以待在水里一动不动。不仅如此，它有时还会将自己埋在淤泥里，这是怎么回事呢？

寿命最长的动物

据《世界吉尼斯纪录大全》记载，海龟的寿命最长可达152年，是动物中当之无愧的老寿星，沿海的人们也把龟视为长寿的象征，并有“万年龟”之说。

海龟“流泪”

海龟长时间生活在海里，喝的是咸涩的海水，吃的是含盐量非常高的鱼、虾等。为了排除体内多余的盐分，海龟就通过“流泪”把它们排泄出来。

知识小笔记

海龟是海洋龟类的总称，是所有龟鳖类动物中唯一生活在海洋的物种。

海龟“自埋”

在美国佛罗里达州东海岸的加纳维拉尔海峡，一位潜水员曾发现了一只整个身体都埋在淤泥里的海龟。起初，潜水员认为这是一只已经死了的海龟，可是当他挖出来后，那只海龟竟然动了一下。原来，这是一只活生生的大海龟！

解不开的困惑

海龟为什么要“自埋”呢？它为什么在水下停留那么长时间都不会窒息呢？这似乎不符合常理。这究竟是一种自卫行为，还是一种习惯呢？

海豹干尸之谜

海豹生活在寒温带海洋中，除产仔、休息和换毛季节需要到冰面、沙滩或岩礁上之外，其余时间都在海中游泳、取食或嬉戏。然而，科学考察人员却在远离海岸大约60千米的干谷里，发现了许多海豹干尸，这究竟是怎么回事呢？

“海中怪兽”

海豹是一种肉食性海洋动物，身体浑圆，皮下脂肪很厚，看上去憨态可掬。它们的两只后脚不能向前弯曲，所以在陆地上只能靠前肢匍匐前进，可是它们一进入海洋，就会变得异常灵活，因而有“海中怪兽”之称。

知识小笔记

食蟹海豹主要以磷虾为食，食性与须鲸相似，喜群居，主要分布于南极大陆。

海豹的故乡

南极洲是海豹的故乡，海豹数量堪称世界第一。这里不仅海豹数量多，海豹干尸的数量也特别多。可是，科学家们发现的海豹干尸地，不是在接近海边的地带，而是出现于远离海岸大约60千米的干谷里。

海豹干尸

奇怪的是，变成干尸的只有食蟹海豹和威德尔海豹两种。我们知道，海豹经常生活在紧靠海边的陆地上，尤其是食蟹海豹，常常生活在远洋。可是，它们为什么会死在距离海岸那么远的地方呢？

“古海退落说”

有些科学家认为，这些干谷地区在古代曾经是一片茫茫大海，后来由于海面降低，海水退落而变成了干谷。这些幼年的海豹由于未能随着水流及时逃走，才形成了干尸。然而，这些干谷地区并没有古海区地形的遗迹。

No.036

鲸类集体自杀之谜

世界很多地方都出现过动物自杀的骇人报道。在各种动物自杀事件中，鲸群的自杀被称为“最悲壮的自杀”，没有人为的驱赶与捕捞，它们便大规模地冲上海滩集体自杀，这一惨剧一直是生物学界的难解之谜。

最早的记录

在我国，早在公元前 4 年，班固所撰《汉书》中就记载了莱州湾有 7 头巨鲸集体自杀；在国外，最早的记载是 1784 年 3 月 13 日有 32 头抹香鲸在法国奥栋港集体自杀……近几十年来，已有超过 10 000 头鲸类搁浅死亡，数目最多的一次为 835 头，几乎包括鲸目动物的每一个种类。

note 知识小笔记

鲸鱼虽然有鱼字，其实它并不是鱼类，而是哺乳类动物。

“恋群悲剧”

对鲸类集体自杀最早的解释是鲸类具有恋群的特点，一旦有一只搁浅，其他的全都会奋不顾身地前来救助，以致接二连三地搁浅，这种忘我的救援行动不但不能奏效，反而使整个群体遭受灭顶之灾。

大自然的捉弄

有研究者认为鲸类的悲剧与地球磁场有关，鲸类搁浅的地方，往往是磁力较低或极低的区域，当鲸类沿着磁力较低的路线前进时，容易搁浅在海滩上。不过，这种说法至今无法证实。

自身犯迷糊

有人认为鲸类因自身的回声定位功能失灵而导致搁浅自杀。由于鲸辨别方向是是利用回声。当它向着有较大斜坡的海滩发射超声波时，回声往往误差很大，甚至完全接受不到回声，也会因此迷失方向。

声呐干扰

英国和西班牙科学家研究发现，军舰产生的各种噪声，如军舰上的发动机声音、水声测位仪和声纳系统以及水下的爆炸声等，会破坏鲸的回声定位系统，使它们不能辨别方向而误送性命，最终酿成一次又一次的悲剧。

动物杀婴行为之谜

No.037

骨肉亲情是一种天生的感情，不仅仅是人，动物为了使自己的种族得以延续，也具有保护和抚育后代的本能。但是，有些动物在产仔后，竟然会残杀自己的亲生幼仔，行为学上称为“杀婴现象”。

残忍杀子

常言道：虎毒不食子。可是，动物学家们却发现，猫、兔和某些啮齿类动物在产仔后，偶尔会出现残杀自己亲生幼仔的现象。那么，这些动物为什么要杀死自己的后代呢？

知识小笔记

科学家已发现老鼠、熊、鹿、草原犬鼠、狐狸、鱼、黄蜂、大黄蜂和蜣螂等都存在杀婴行为。

气味不相投

研究表明，动物的嗅觉辨认是哺乳动物母子相认的关键因素。有实验证明，非亲生的幼兽由于身上的气味与母兽气味不相投，不仅得不到母兽照顾，反而会遭到攻击。例如某些啮齿类的幼鼠如果被人用手摸过，母鼠不久就会将带有异味的幼鼠咬死，甚至吃掉。

恶劣的环境因素

近些年来，野外工作者发现某些野生动物，如野猪、红狐、鹳等，在环境条件比较恶劣，如食物极为贫乏、缺水、受惊扰或幼仔有病、发育不良等情况下，也会杀死幼仔。从某种程度上说，这种本能有利于动物在恶劣的环境中生存下去，因而被自然选择保留下来。

野猪

传递遗传基因

雄兽杀婴可能是因为雌兽在哺乳期不能发情交配，而一旦把幼仔咬死，雌兽又可以发情，雄兽因此得以将自身遗传基因传递给后代。这种出于传递自身基因的本能，也是动物在自然选择过程中保留下来的。

看似憨态可掬的大熊猫也有杀婴的行为。大熊猫一般每两年繁衍一次，一胎只会生两只幼仔，而且雌熊猫没有精力全部养活它们。刚出生的幼仔生身有别的气味，大熊猫会将它们遗弃，咬死。

本能行为

动物杀婴尽管有种种原因，但归根结底，是为了在种内竞争获得优势的情况下出现的特殊行为。不过，动物界中的杀婴现象并不普遍，否则，动物种群不可能生存、繁衍到今天。而专家推测出原因是否正确或全面，也需要进一步验证。

动物未卜先知之谜

在自然界中，有些动物具有超乎一般的能力，它们可以预知天气的变化及地震、海啸、风暴等灾难的发生，所以灾难来临前它们可以提前“撤离”，逃离厄运。难道它们真的具有预知旦夕祸福的“第六感”吗？

大地震前兆

发生在 1923 年 9 月 1 日的关东大地震是日本历史上最强烈、损失最惨重的一次地震。大地震发生前，周围的动物都开始狂躁不安，牛、老鼠、鸽子、黄鼠狼等纷纷从住处逃出来，甚至连冬眠的蛇也被惊醒。

鸟类等动物对灾难的来临具有特殊的感应。

动物预报地震

动物为何能预知地震的发生？有人认为，地震前会有一些微量气体释放出来，一些嗅觉灵敏的动物能闻到；有的认为，地震前地热会发生异常，居住在地下的动物如蛇、老鼠会感知到……然而，也有些科学家认为，动物异常是自然界中的常见现象，并不是每次出现异常就必定发生地震。

note 知识小笔记

地震与海啸、龙卷风、冰冻灾害一样，是地球上经常发生的一种自然灾害。

“预知”风暴

1972年11月13日上午9点左右，德国帝萨克森北部发上了一场特大风暴。可怕的风暴过后，人们进入森林考察，只找到37具动物的尸体，因为大多数动物在风暴来临前就已经“撤离”。

大量事实证明，动物对地震的预感要比人类灵敏得多。

“先知”海啸

2004年12月26日的印度洋海啸，数十万生命瞬间被吞没。然而，令动物保护专家感到困惑的是，当地的大象、鹿、狼和鳄鱼等动物却安然无恙。

马在地震发生之前，主要表现为惊恐不安、嘶叫和奔跑。

有待探索的谜题

动物在自然灾害面前未卜先知的本领确实让掌握了现代高科技的人类自愧不如，虽然科学家们纷纷提出各种观点来进行解释，但是还没有一种定论。

动物死而复生之谜

死而复生对于人类来说，是一个令人奢望的梦想，我们通常只会在小说或电影里才可以看到。然而，一些既没有人类高大，也没有人类聪明的动物却可以做到死而复生。

蚯蚓重生

据说，早在 1917 年就有人做过实验：将一条蚯蚓放在装有吸水溶剂的玻璃罩中，等蚯蚓全身失去水分，变得干瘪皱缩，没有生命迹象时，再将它放到潮湿的纸上。一段时间之后，蚯蚓干瘪的身体竟然开始慢慢舒展，最终恢复生机，重新开始活动。

蚯蚓

青蛙

青蛙复活

19 世纪，人们在墨西哥的一个石油矿里挖出一块 200 万年前形成的岩石，并发现有一只青蛙被岩石完全包裹着。那只青蛙接触到空气后竟然活动起来，两天之后才死去。在这漫长的 200 万年中，既没有水，也没有食物，这只青蛙究竟是怎么维持生命的呢，着实让人费解。

note 知识小笔记

蚯蚓是变温动物，体温随着外界环境温度的变化而变化。

观点解析

有人提出一种观点：如果研究对象是一些低级的单细胞生物，它们的生命形式相对简单，所以恢复活性也比较容易，而像蚯蚓这样的多细胞生物情况就会复杂得多。

死而复生试验

据有关专家介绍，死而复生实验是在深低温状态下进行的，在这种状态下，实验对象脑电波是一条直线。在特殊的温度条件下，实验对象的脑细胞处于急冻状态，虽然停止工作，但并没有死亡。等手术做完后，恢复实验对象的温度即可。

栩栩如生的老鼠标本

展望前景

尽管死而复生试验在动物身上早已成功,但是被深低温冷冻的动物复活后一些器官变得非常脆弱。通过长期研究和实验,专家们随后计划采用头部与身体其他部分温度分离等诸多新技术，以期解决这一难题。

No.040

动物杀过行为之谜

在大自然中，动物捕杀猎物，弱肉强食是很正常的事情，可有些动物一次却会杀死超过自己食量很多倍的猎物，这就非同寻常了。其成因究竟是出于本能，还是受到某种刺激而引起的呢？

莫名其妙的杀过行为

动物杀过行为是指一些凶残的肉食性动物，一次杀死的猎物远远超过自己食量的现象。几只饿狼一次竟然可以杀害上百只的小驯鹿，这种行为明显地违背了动物捕猎是为了食物需要的法则，那么它的动机究竟是什么呢？

猫头鹰捕鼠

猫头鹰是捕捉田鼠的能手，尤其在繁殖期间的猫头鹰，捕鼠本领更为惊人，会表现出非常激烈的杀过行为。有些猫头鹰即使在饱餐之后，遇上鼠类仍会奋力追逐，宁可杀死扔弃，也不让田鼠从自己的视线中逃脱。

note 知识小笔记

食物链指生态系统中各种生物以食物联系起来的链锁关系。

赤狐杀过

荷兰的一位动物行为学家，曾亲眼看见一只赤狐仅用了不足10分钟的时间，便把12只小鸡全部杀死。但是，令这位动物行为学家不解的是，这个残忍的家伙却只带走了1只小鸡，其余的11只死鸡都留在屠杀现场。

“物竞天择，适者生存”不仅适用于人类社会，同样也适用于动物界。

杀过行为背后

有些动物学家认为，杀过行为是由动物凶残嗜血的本性造成的，好似在发泄情绪；有些人提出，这种行为只是偶然现象，可能是动物在接近猎物时，受到被害动物的惊吓、窜逃或狂叫的刺激而引起的。

豺狼

引起的思考

对于人类来说，动物的杀过行为既有利又有弊。如猫头鹰大量杀死田鼠，显然是对人类有益的，但是赤狐杀死家禽，狮、豹、狼等，猛兽杀害家畜和破坏野生动物资源，又是对人类不利的。

动物迷途知返之谜

许多动物拥有认路的本领，不管离开家有多远，它们都能准确找到回家的路。究竟是什么“法宝”可以让这些动物不会迷失方向呢？

飞鸽识途

鸽子是动物王国中的认路“高手”，如果把它带到千里之外的地方去放飞，它能很快、很准确地飞回自己的窝里。经过训练的鸽子，能从很远的地方飞回家，把信件准确地送到主人的手里。

知识小笔记

蚂蚁和蜜蜂也有出色的认路本领。它们主要是依靠天空的偏振光和气味来导航。

认路原由

有些科学家认为，鸽子之所以能从很远的地方重归故里，是因为它不仅能靠太阳指路，还能根据地球磁场确定飞行的方向，特别是在乌云蔽日或大雾笼罩的天气里。

老猫认路

1974 年，一个兽医从纽约迁居到加利福尼亚。因为时间匆忙，把一只养了很长时间的猫丢在了原来的家里。没想到这只猫竟然跋涉了 4 000 千米，几乎横穿大半个美国国土，找到了它的主人。

撒粉识路

在非洲南部的一些岛屿上，生活着一种胆小的蛇，人们叫它"撒粉蛇"。它离开家时会在沿途撒落一些身体表面的白色粉末，这些粉末颜色明显，气味浓烈，撒粉蛇就是靠这种粉末指引回到自己的洞穴中。

企鹅"定位导航"

每年的 11 月份，企鹅都会到千里之外的海洋中寻觅食物。等到第二年 2 ~ 3 月份，企鹅们又日夜兼程地返回故乡。令人不解的是，企鹅迁徙的时候从来不会迷路，辨别方向的能力比飞机的导航仪或远洋轮船的罗盘还要准确。

吃人植物之谜

地球上的植物种类不计其数，它们的名称、形态、颜色各不相同。根据资料证实，自然界中的确存在食虫植物。然而，有些报道和传闻声称有些植物竟然会吃人！这个骇人听闻的消息一经传出，立刻引起了世人的关注。

食虫植物

众所周知，世界上有些蚕食虫子的植物，例如猪笼草、捕蝇草、狸藻等。这些食虫植物能借助特别的结构捕捉昆虫或其他小动物，并靠消化酶、细菌或两者的作用将小虫分解，然后吸收其养分。

恐怖的植物

近些年来，许多报刊杂志纷纷刊登了有关吃人植物的报道：这种奇特的植物生有许多长长的枝条，行人如果不注意碰到，枝条就会紧紧地将其缠起来，枝条上分泌出一种极黏的消化液，牢牢地把人黏住勒死，直到将人体中的营养吸收完为止。

> **note 知识小笔记**
>
> 目前发现并确定具有食虫性的植物已有 600 种以上。

传闻的由来

一位名叫卡尔·李奇的德国人在探险归来后说他在非洲的马达加斯加岛上，亲眼见到过一种能够吃人的树木，当地居民把它奉为神树。于是，世界上存在吃人植物的骇人奇闻便四处传播开来。但是，由于缺乏有力的证据，因此许多植物学家对于吃人植物的有无仍然持怀疑态度。

目前，已知的最大肉食植物是王侯猪笼草。它的笼子非常大，可以容纳3.5升的水，会捕食小型哺乳动物，如老鼠。

毛毡苔毛绒尖端分泌出的黏液可将昆虫杀死

根本不存在

如今，大多数植物学家认为，有些植物的根、茎、叶在特殊的环境中，虽然有可能发生变态，譬如舞草的叶子能够"跳舞"等，但是无论如何也不会发展到吃人的程度。因此，他们认为世界上根本不存在吃人植物。

未知的可能

也有少数科学家认为，虽然目前还没有足够证据说明吃人植物的存在，可是不应该武断地加以彻底否定。因为科学家的足迹毕竟还没有踏遍地球上的每一个角落，也许在某个神秘的原始森林里还真的存在吃人植物呢！

捕蝇草的叶子能闭合起来，可以捕食苍蝇等昆虫。

No.043

植物情感之谜

通常，人们都认为植物是没有喜怒哀乐、不会思考、不会交流的“孤客”。然而，近几十年来，科学家却通过实验证明，植物不仅有感觉，而且还可能拥有感情、记忆，会交流，甚至还拥有自己独特的语言。

植物情感的发现

美国中央情报局官专家利用一台改装的测谎仪，经过多次试验，发现不但植物之间能够交流，而且，植物和其他生物之间也能交流。这项研究立即引起了科学界的巨大反响。

人与植物的交流

前苏联科学家维克多在实验中先用催眠术控制一个人的感情，将处于睡眠状态的试验者右手，通过一只脑电仪，与附近植物的叶子相连，他从脑电仪的记录仪看到，植物和试验者居然产生类似的反应。

note 知识小笔记

植物利用叶绿素，在阳光的照射下，将二氧化碳、水等转化为自身需要的碳水化合物。

植物与音乐

美国路易斯安那州的一名研究人员史密斯，连续 20 天对大豆播放轻松愉快的音乐，结果听音乐的大豆秧苗高出未听音乐的 1/4。史密斯认为，也许正是这类音乐激发起了植物的某种情感，从而促使它们加速生长。

漂亮的树叶就像一个芭蕾舞者翩翩起舞

芙蓉

植物的情感交流

1983 年，美国华盛顿大学两位生态学家在研究受害虫袭击的树木时发现，植物在遭到破坏的情况下，不仅会产生恐惧感，而且还会向空中传播化学物质，对周围邻近的树木传递警告信息。

永无止境的探索之路

随着研究的进一步深入，我们通过实验获得了许多有关植物情感的信息，但是关于植物有没有情感的探讨和研究，依然没有得到所有科学家的肯定。

植物走路之谜

No.044

大千世界无奇不有，自然界中有些植物竟然可以自己移动，我们称之为“会走路的植物”。这些奇特的植物，在周围环境不适合生存的时候，就会通过自身特有的方式，“行走”到一处新的居住地。

风滚草

戈壁里有一种常见的植物叫风滚草，当干旱来临的时候，会从土里将根收起来，团成一团随风四处滚动。在戈壁的公路两旁，起风的时候经常可以看见它们在随风滚动。

知识小笔记

植物通常是不运动的，因为它们不需要寻找食物。

野燕麦

禾本科的野燕麦是一种靠湿度变化走动的植物。野燕麦种子的外壳上长着一种类似脚的芒，芒的中部有膝曲，当地面湿度变大的时候，膝曲伸直，地面湿度小时，膝曲恢复原状，在一伸一屈之间不断前进，一昼夜可推进1厘米。

卷柏的“旅行”

南美洲生长着一种既有趣又奇特的植物，名叫卷柏。每当气候干旱，严重缺水的时候，它会自己把根从土壤里拔出来，摇身一变，让整个身体卷缩成一个圆球状，随风在地面上滚动。一旦滚到水分充足的地方，圆球就迅速地打开，根重新再钻到土壤里，暂时安居下来。

南美洲的卷柏能在干旱时缩成圆球，随风滚动。遇到有水的地方，就平展开始生长，缺水时就又开始“旅行”。

会“走路”的仙人掌

在南美洲的炎热沙漠中，生长着一种会“走路”的仙人掌。如果原来生长的地方缺少水分，它们能将自己的根系收缩到土层外面，根须一步步向前行，寻找有水分和养料的土地。一旦找到合适的环境，它就将根的软刺扎进土壤，迅速生根发芽，从此“定居”下来。

带来的困惑

这些“会走路的植物”为什么在根须拔出之后不会枯死呢？它们为何有如此强大的生命力呢？这一系列问题还需要我们继续去寻找答案。

No.045

植物"自卫"之谜

植物是生物界中的一大类，一般有叶绿素，没有神经和感觉，也就是说，植物是没有大脑，也不会思考的。可是，科学家却提出，有些植物在受到虫兽侵害之后，能生产"自卫"的化学武器。

植物的自卫

1970 年，美国阿拉斯加州的原始森林中野兔横行，它们疯狂地啃食嫩芽、破坏树根，严重威胁着植物的生存。后来，被野兔啃过的植物重新长出的芽、叶中产生了大量叫"萜烯"的化学物质，野兔吃了它们，发生集体中毒，从而保住了植物的正常生长。

毒素自卫

有些植物含有化学物质或有毒物质，对抵抗动物侵害有很强的威力。丝兰和龙舌兰含有植物类固醇，可以使动物红细胞破裂；一些金合欢植物含有氰化物，能损坏细胞的呼吸作用；漆树中含有漆酚，可以使人中毒，被称为"咬人树"。但植物制造毒素、运用毒素的具体过程与机理到目前还是一个未解之谜。

玫瑰因枝干多刺，所以又被称为刺玫花、徘徊花、刺客、穿心玫瑰等。

“自贬身价”

有些植物虽然不含毒素，但是在它们体内却含有某些特殊物质，使它们成为不受动物欢迎的植物。例如毒芹和烟草都是气味不好闻的有毒植物，草食动物闻到它们刺鼻的气味后便会迅速离开。

生刺自卫

大多数植物是通过外部的形态进行“自卫”。例如皂荚树等植物，树干和枝条上都有许多大而分枝的枝刺，就皮厚肉粗的水牛都不敢碰它。

集体自卫

当柳树受到毛虫咬食时，不但受到毛虫咬食的柳树会产生抵抗物质，而且 3 米之外没有受到咬食的柳树也会产生出抵抗物质。如此绝妙的集体“自卫”真是令人惊叹不已！有些科学家认为，这种集体“自卫”说明植物之间可以进行化学通讯。

note 知识小笔记

植物的大多数自卫方法其实是在漫长的岁月适应过程中形成的，它能有效地延续生命和种群数量。

CO_2
$2C + O_2$ <--> 2CO
$2H^+ + 2Cl^- + 2Na^+ + S^{2-}$
$+ 3NO^{3-} + 3H_2O$
$A_2 + X_2$ <--> 2AX

科技之光

在科技飞速发展的今天，人们对于任何问题或者现象的解释都会从科学入手。然而到今天为止，还是会有很多无法用科学解释清楚的现象。在很多时候，解开这些科技谜团也许并不重要，重要的是我们所必须坚持和推崇的探索精神！

No.046

西周微刻技术之谜

微刻技术是我国传统工艺技术的一种，至今已经有 3000 多年的历史了。它以微取胜，微中见宏，人们可以在小如米粒的象牙或竹片上进行文字或者图像的雕刻。而早在西周时期，这门技术就已经产生了。

神奇的微刻

1976 年，在陕西省岐山县出土了一批西周微刻甲骨文。这批甲骨文，字体小如芥粒，笔划细若秋毫，其直笔契刻有力，折直遒劲。其中一片面积仅 2.7 平方厘米的卜甲，在 1.17 平方厘米内刻有细如发丝的文字 30 多个，其中有的字体不足毫米。

微刻专家正在使用高倍放大镜雕刻微雕作品

明朝末年王叔远的核舟，后被散文家魏学洢写成《核舟记》一文。从中可以看出核舟具有很高的艺术和观赏价值。

知识小笔记

众所周知的王叔远的《核舟》，也是中国历史上微雕艺术的经典之作。

微刻技术之谜

这些文字都细如发丝，令人需要借助 5 倍以上的放大镜才能看清楚。可是在生产水平还比较落后的西周，当时的人们又是怎样在如此细小的甲骨上，进行这么大量文字的微刻的？他们的这种微刻技术又是从何而来呢？

No.047

0.65 亿年前的金属工具

我们的地球已经有 46 亿年的历史，人类的历史只占据了这颗星球历史的一小部分。而人类学会制造工具也不过几十万年的历史，但是现代的人们却从世界各地的几千万年甚至几亿年前形成的矿石中发现了人为制造的东西。

史前工具

1968 年，两个考古学家在法国一个 0.65 亿年前的白垩纪地层中发现了一根金属管。这根金属管呈椭圆形，有着明显的人工打造的痕迹。

考古学家在挖掘古物

铜是人们最早使用的金属之一。最初人们使用的只是存在于自然界中的天然单质铜，用石斧把它砍下来，便可以锤打成多种器物。上图是公元前 2000 年前人们使用过的铜制工具。

note 知识小笔记

地球总的历史已有 46 亿年，但人类产生才 300 万年左右，人类文明史却只有 6000 年左右。

南非金属球的发现

20 世纪 80 年代，南非的矿工们从当地的克莱克山坡附近的叶蜡石矿中挖掘出一些金属球。经过科学家的鉴定后发现，这些金属球是在 28 亿年前形成的。至于它们为什么会出现在没有人类出现的那个年代里，至今还没有人能解释清楚。

No.048

皮尔·里斯地图之谜

皮尔·里斯地图是一张全球闻名的上古世界地图。面对这张世界地图的神秘和精确，人们不禁产生了遐想和疑问：在远古时代是否存在一个高度文明的社会？这种文明掌握着对世界海域的完全勘测。

精准的地图

18世纪初，人们在土耳其伊斯坦布尔的托普卡比王宫里发现了一张在羊皮上绘制的航海图。这张地图不但准确地标示了大西洋两岸的海岸线，还描绘了包括亚述尔群岛和加纳利群岛在内的多个大西洋岛屿。更加令人不可思议的是，地图不仅显示了这几大洲的轮廓，同时也显示了该地区的内部地貌，并精确的绘制出了它们的山脉、山峰、河流、高原和岛屿。

土耳其的托普卡比王宫。著名的皮尔·里斯地图就是在这里被后人发现的。

无法解释

人类于19世纪初才首次发现南极大陆，在这张地图上南极大陆却被清晰地标出了位置，而且整个大陆并没有被冰雪所覆盖，是除去冰雪层的陆地形状。16世纪以前的人是用什么手段来获得南极大陆形状的呢？

等待揭开的谜题

在另一幅注明日期为1559年的古地图上，在西伯利亚与阿拉斯加之间画着一条狭窄的通道，据地质学家证实，这是一条在三万年地质历史上确实存在的通道，现在早已消失。可绘制者怎么可能对三万年以前的地壳变动了如指掌呢？

神奇的皮尔·里斯地图，它准确地描绘出了几大洲的轮廓，还清晰地标出了南极洲的位置。

"航拍地图"

科学家把现代的地球卫星摄影图片与皮尔·里斯的地图原件相对照，结果表明这些原件是从极高的天空中拍摄成的！这个结论令人极为震惊。

note 知识小笔记

地图既是地理知识形象而准确的记录，又是测量、计算和绘制等技术的综合反映。

航拍地图

种种猜测

这些古代地图的真正制作者是谁呢？是具有高度科学技术的外星智慧生命，还是曾经掌握过飞行技术而后来毁灭了的某种史前文明？如果确曾存在过这样一种不知名的文明，它是来自何处，又是怎样消失得无影无踪的呢？一切都有待于科学家们的考证。

托普卡比王宫的"征服者"之亭收藏着众多来自世界各地的宝物。

No.049

四维空间的谜团

宇宙是无穷无尽的，浩瀚的宇宙中至今还存在着许多未知的秘密。在我们生活的三维空间里，时间、空间和运动都在自己的运行规律下井然有序地前行。可有时发生一些人类无法解释的怪事，让人们试图去证明另外一个四维空间的存在。

四维空间

简单来说，我们所在的三维空间是由长、宽、高这三个概念构成的；而四维空间又在三维空间的基础上延伸出了一个看不见、摸不着的时间轴。由于我们在地球上所感觉到的时间很慢，所以不会明显感觉到它的存在。

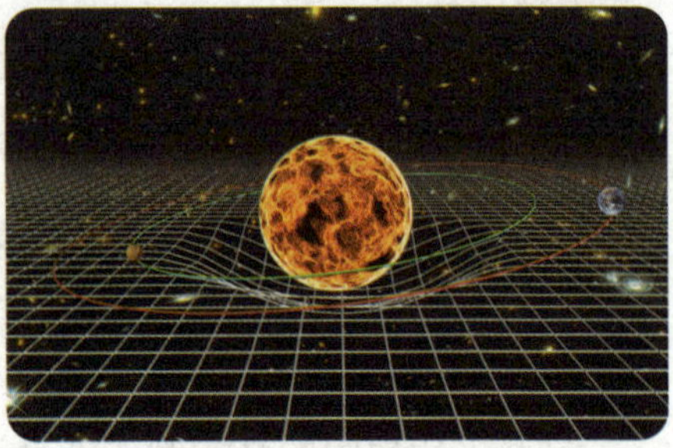

根据爱因斯坦广义相对论，人类生存的三维空间加上时间轴即构成所谓的四维空间。

爱因斯坦

知识小笔记

我们所提及的“四维空间”，大多数都是指爱因斯坦在他的《广义相对论》和《狭义相对论》中提及的“四维时空”概念。

神奇的“四维”

科学家认为：地球和某种神秘世界之间，存在着一种不可捉摸的通道。通道的两边是两个不同层次的世界。研究这种现象的人，把藏在通道另一侧的神秘世界，称作“四维空间”。

“穿越时空”

1985年，在新几内亚的一片森林沼泽中，一架失踪了半个多世纪的客机被人发现。令人无法理解的是，这架飞机看起来就像是它失踪时一样崭新。这架簇新的飞机正是1937年从菲律宾马尼拉飞往印尼群岛的一架客机。

→1960年，在神秘的百慕大海域也发生一件怪事。五架战斗机在离海岸800米的上空冲进一朵飘浮的白云中，后来始终未再出现。

丢失时间

1982年12月的一天，瑞士一位名叫派瑞·西玛的男子开车回家。突然，他觉得眼前一片刺眼的光芒，随即他的车便驶入了那片光中。派瑞十分害怕，加大油门，终于冲出了那道光芒回到家里。他怎么也无法解释半个小时的路程自己走了一个多小时，丢失了的半小时到哪里去了，难道是丢失在那片光芒中吗？

↑派瑞·西玛所开的车是否进入了四维空间？四度空间的奥秘，必定在不久的将来被人类所认识。

未解之谜

有些科学家坚信，无论是再现的飞机和丢失时间的派瑞，他们都曾经与四维空间有过接触，而且都又回到了我们的三维空间。可是究竟为什么他们会进入四维空间？又是什么力量将他们推回？这仍旧是个未知的谜团。

No.050

艾滋病从何而来？

自从1981年人类首次发现艾滋病病毒以来，全世界每年都有无数人被这个恐怖的病魔夺去生命。艾滋病，从它的诞生到传播一直到防治，都是人类至今难以破解的难题。

艾滋病

艾滋病，即获得性免疫缺陷综合征，英语全称“Acquired Immune Deficiency Syndrome”，缩写“AIDS”的音译。患者因免疫系统受到破坏，逐渐成为许多疾病的攻击目标，促成多种临床症状，统称为综合症。

HIV 艾滋病的病毒模型

艾滋病患者会出现发烧、咳嗽、头晕等症状，同时体重迅速下降，明显消瘦。

“世纪杀手”

艾滋病自1981年6月5日被首度证实以来，AIDS已夺取超过2500万人的性命，使它成为史上最具破坏力的流行病之一，截至2005年底世界上约有3860万人正受到艾滋病的侵扰，仅该年便造成约300万人死亡。

病毒的来源

多数学者认为艾滋病是20世纪从撒哈拉以南的非洲地区蔓延开来的，其中比较流行的观点是艾滋病病毒来源于该地的黑猩猩，但这并不是唯一的来源。

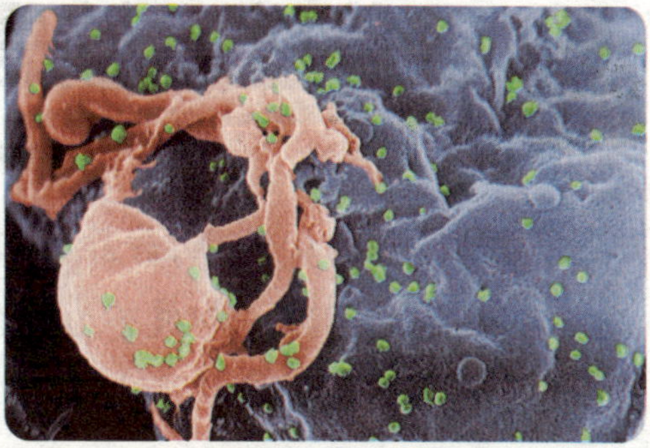

在扫描式电子显微镜下，我们可以看见HIV-1病毒正从培养出来的淋巴球中出芽，并准备进一步散布开来。

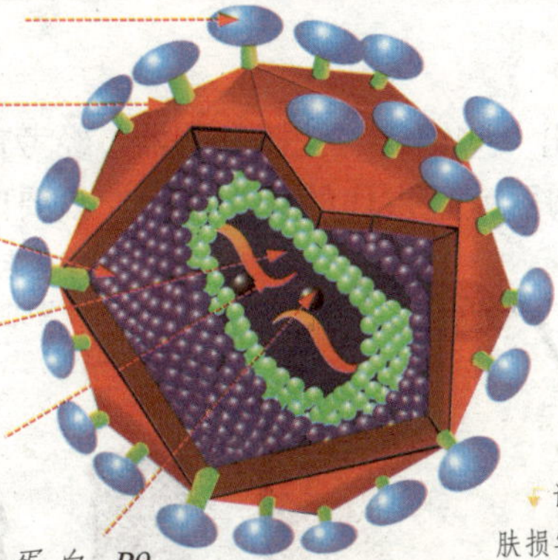

艾滋病病毒结构图

病毒传给人类之谜

有人认为是人吃了患艾滋病病毒的猴肉而感染的；也有人认为是厩螫蝇将病毒从黑猩猩身上带给了人类，以致发生艾滋病。可令人费解的是，黑猩猩为什么只会携带病毒，而不会患上艾滋病？

许多艾滋病患者是以皮肤损害为首发症状的。在临床上有多种表现，如皮疹、全身瘙痒、尖锐湿疣、接触性湿疣、荨麻疹等。

知识小笔记

每年的12月1日是世界艾滋病日。

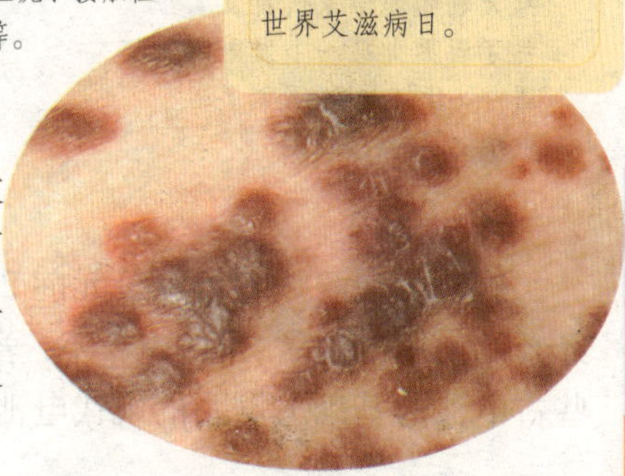

漫漫长路

自从发现艾滋病以来，世界各国投入了大量的财力人力，先后研制了十几种疫苗和近百种药物来对抗艾滋病病毒，可是至今都没有一种行之有效的方法。要根治艾滋病，还有很长的路要走，它需要动用全人类的智慧和力量。

巴格达电池是怎么回事？

一只简陋的小陶罐，静静的立在伊拉克博物馆的一角。这个不起眼的陶罐，却被誉为现代考古学领域最令人惊讶的发现：它就是大名鼎鼎的巴格达电池。

电池的发现

1936年考古学家在一座古墓中发掘出一些铜管、铁棒和陶器。经考古学家卡维尼格的鉴定：这些小型铜管、铁棒和陶器就是古代的化学电池，只要向陶器内倒入一些酸性或碱性水，便可以发出电来。消息一出，立即轰动了整个考古界。

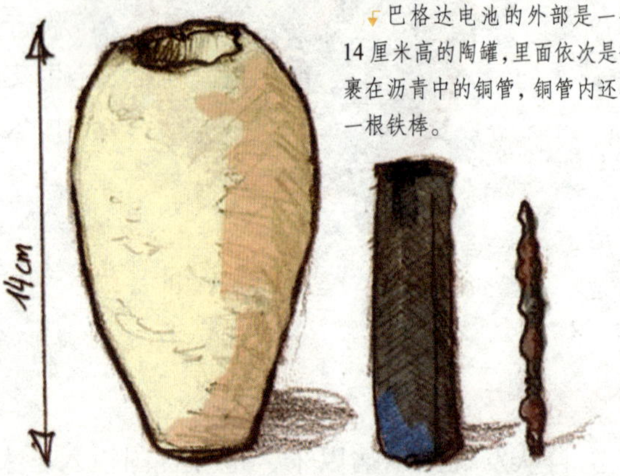

巴格达电池的外部是一个14厘米高的陶罐，里面依次是包裹在沥青中的铜管，铜管内还有一根铁棒。

知识小笔记

1800年3月20日，意大利物理学家伏特发明了世界上第一个发电器——伏打电堆，开创了电学发展的新时代。

意义重大

这一发现意味着，在公元前248 ~前226年间，居住在些地区的波斯人就已经开始使用电池了，而1800年，著名的物理学家伏特发明的第一个电池则是在这些古电池的基础上发明的现代电池。

电池的用途

经过反复试验，卡维尼格认为：制造这种电池的目的在于用电解法给塑像和饰物镀金。后来，德国学者艾杰巴得希成功地仿制了巴格达电池，证实了卡维尼格的论断。

构成巴格达电池的零件

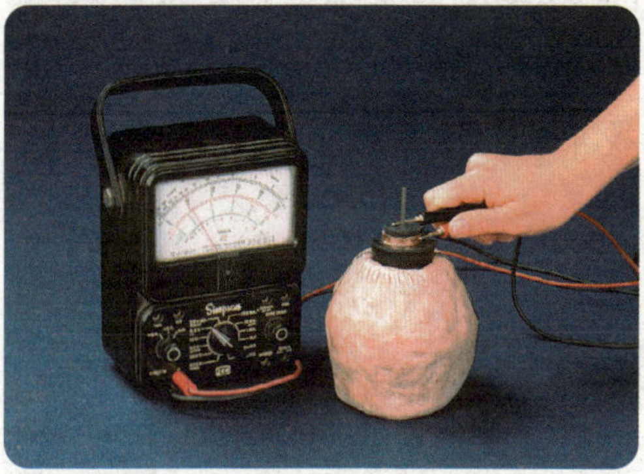

科学家们仿制了巴格达电池，制作了一些铜管、铁棒和陶瓶。然后取来新鲜的葡萄汁，倒入电池中，奇迹出现了，连接着电池的电压表显示出 0.87 伏特电压。

无法破解的秘方

古代伊拉克的工匠们对他们的技术知识守口如瓶，我们可能永远也搞不清聪明的古人们的电学实验究竟做到了何种程度。电镀的秘密肯定是秘不外传的宝贵财富，或许从未以简洁易懂的文体见诸于文字。

探索之路

巴格达电池还在不断吸引着世界各国的考古学家、科学家的目光。相信，随着人类对科学的探索，这个轰动世界的谜团终有被解开的那一天。

经过长期的研究、发展、更新，如今的电池品种更加繁多，应用也更加广泛。

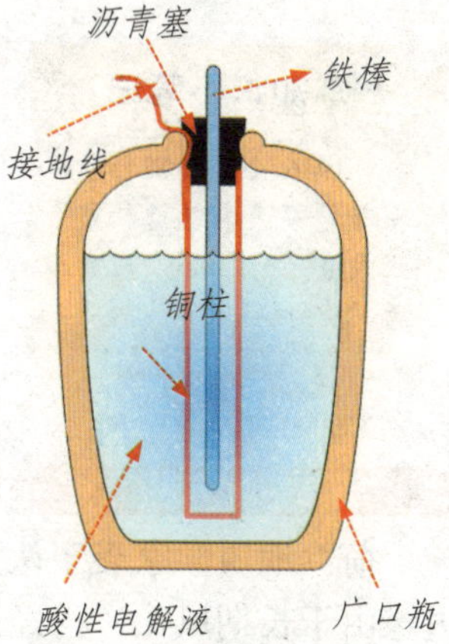

巴格达电池结构示意图

No.052

“平顶海山”的形成之谜

大海是生命的摇篮，也是一片神秘莫测的未知之地。虽然人类已经进入了万米之上的太空，却不能轻松地征服这片蓝色的世界。大海中种种奇特的自然地貌中，最引人注目的就是“平顶海山”了。

“平顶海山”的发现

在太平洋、大西洋和印度洋中的深海海底，有一座座奇异的海山，它们的顶部多为平坦的圆形或椭圆形，像被截掉一样。海山的直径从几百米到二三十千米不等，这种海山被称作是“平顶海山”，关于它的成因人们众说纷纭。

知识小笔记

1946年，美国科学家普林顿大学教授赫斯正式给“平顶海山”取名为“盖约特”。

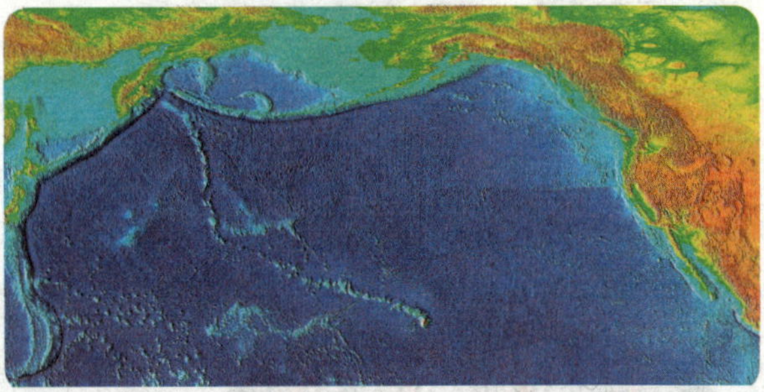

“珊瑚礁沉积”说

荷兰地质学家裘宁认为深海平顶山是珊瑚礁下沉后逐渐演变成的。珊瑚礁的边缘由于长期风化，再经过海水浸蚀，渐渐溶化、消失，最后形成了平顶状。但是，山坡上出现的火山浮石和阶梯一样的斜坡，裘宁教授却没能作出解释。

火山的功劳

有人根据从“平顶海山”的顶部打捞到的呈圆形的玄武岩块认为，它们可能是一座座海底火山，顶部是火山口，被火山灰等物质填平了，所以呈现平顶。它们形成于距今 1 亿 ~ 2500 万年之间的火山大量喷发时期。

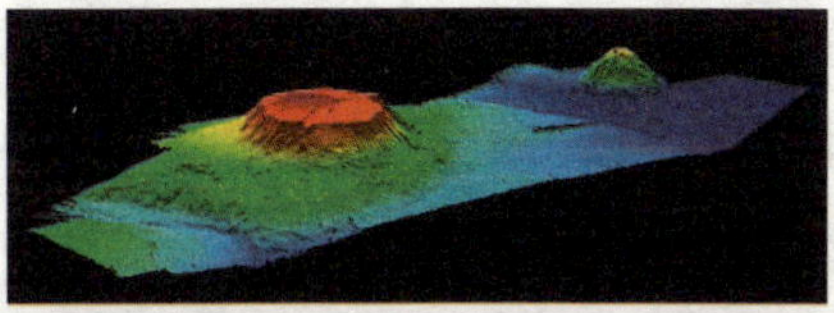

海山的电脑模拟图

达尔文

“达尔文隆起”

著名海洋地质学家孟纳德则认为，太平洋中的“平顶海山”都位于一片原来隆起的地壳上，他称之为“达尔文隆起”。这些隆起的海山顶部接近海面，被风浪削平，随后整个隆起下沉，便形成了今日的“平顶海山”。

天然渔场

人们虽然对海山的形成争论不一，但有一点不得不承认的是：凡是存在深海平顶山的地方，一般都是良好的天然渔场。

人们在安装海底电缆时，又陆续发现了许多“平顶海山”。随着科学家不断的研究，“平顶海山”之谜一定会被解开。

古生物钟是怎样形成的？

古生物钟也称作化石钟，它是古代生物化石身上所保留的生物生长节律。古生物学家可以根据这些痕迹推断出化石所处的年代，有时还能考察出当时地球的气候。那么，它是怎样形成的呢？

神奇的古生物钟

由于生物随环境的周期变化而有自身物质的周期变化，因而会在生物体及其遗骸里留下变化的痕迹。例如现代珊瑚体上一年生长期内约有360圈生长细纹，每纹便代表一日。

地质历史时期的树木经历地质变迁，最后埋藏在地层中，经历地下水的化学交换、填充作用，从而形成为木化石。

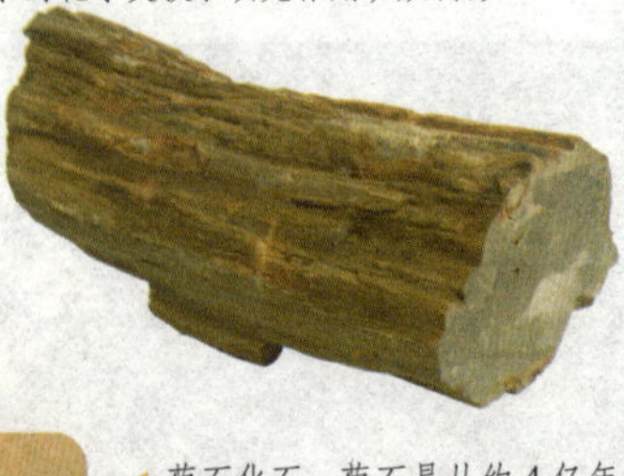

菊石化石。菊石是从约4亿年前的泥盆纪早期的鹦鹉螺目进化而来的，在其后的3.7亿年间，在全世界的海洋里大量存在。

博物馆中的恐龙化石

古生物的应用

美国古生物学家威尔斯利用古生物钟的有关理论，从不同地质年代的珊瑚外壁的环纹中破解了各个地质年代每年的天数，解决了古天文、古时间等问题，引起国际学术界的轰动。

前寒武纪

后寒武纪

奥陶纪和志留纪

“繁殖影响”说

还有一些学者认为，由于珊瑚是每一个朔望月繁殖一次，在繁殖期间珊瑚骨骼上的碳酸钙的沉积量急剧地减少，直径收缩，在外观上出现了环沟状的构造。生育期过后，又恢复了正常。这就是珊瑚出现月增长标志的原因。

泥盆纪

中国著名的古生物学家马廷英，他最早提出了古生物钟的概念。

note 知识小笔记

保存有可用为计时标志的各种生长纹饰的化石称为古生物钟。

石炭纪和二叠纪

内外因的作用

内生论者认为，某些生物体从遗传上就带有一种像钟一样的而且能够周而复始的循环周期，不受外界的影响。外生论者则坚持生物之所以能够像上好了弦的钟表，主要原因是为了外来的有节律的刺激信号。

三叠纪和侏罗纪

第四纪

第三纪

白垩纪

西沙"金字塔"是怎样形成的?

No.054

古埃及的金字塔被视为人类创造的最伟大的奇迹之一,但是大自然的力量却是不可小瞧的,它同样能够创造出一座"金字塔"。那么,这座天然"金字塔"是怎样形成的呢?

名字的来源

在我国西沙群岛的东部有一个小岛,它由珊瑚等生物砂岩组成,故也称为石岛。西沙群岛的其他岛屿一般高 5 ~ 6 米,最高不超过 10 米,而石岛中央的高度则达到 15. 2 米,从海上远远看去,就像一座"金字塔"耸立于西沙群岛之中。

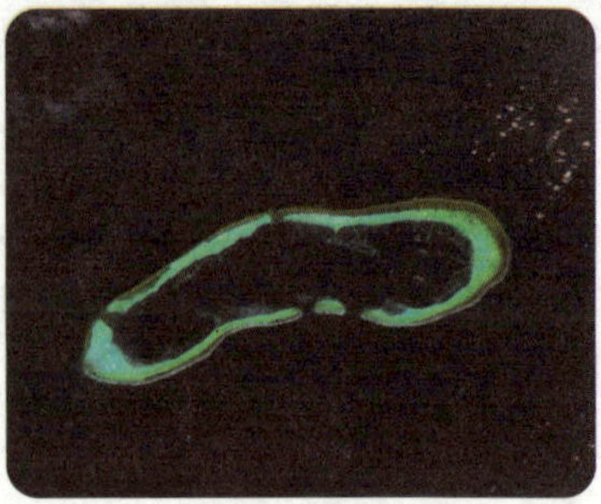

西沙群岛中大多数岛是由珊瑚、贝壳等生物沙砾堆积而成的,岩质比较松散,唯独石岛是由某些层状生物砂岩构成的,岩质非常坚硬。

奇怪的石岛

石岛本身是由坚硬的层状生物砂岩构成,年龄在 12000 ~ 24000 年之间。石岛底部年轻,为 14000 ~ 17000 年,越往上越老,在"金字塔"最高点的为 22000 年,整个岛的形成就好像是被人后来倒置过来似的。

风化成岛

有学者推测，在石岛附近原来有一个生物砂岩组成的较大的岛屿，它不断被风化、剥蚀，这个岛顶部较新的生物砂岩被剥蚀下来，堆积成石岛底部砂岩，而它较老的底部堆积成石岛顶部，于是石岛的年龄便出现倒置现象。

石岛是西沙群岛中年龄最大的一位，也是最高的岛，又被人称为西沙的“金字塔”。

雨蚀成塔

也有学者认为这种“金字塔”形状是雨水冲蚀造成的。当石岛上层的生物砂岩遭到雨水冲蚀，一部分碳酸钙被溶解，随雨水渗到石岛底层，生长为新的年轻的方解石结晶，便使整个底层岩石的年龄变轻了，从而形成了年龄的倒置现象。

未解的谜题

关于这座“金字塔”的形成，人们还在不断提出新的看法，似乎各种说法都有一定的道理，但仍不能真正解释石岛的成因。也许随着科技的发展，小岛的秘密终有被解开的那一天。

知识小笔记

西沙群岛 又名宝石岛，是中国南海诸岛的四大群岛之一。

No.055

潜流是怎样形成的？

广阔的海洋，一直在永不停息地运动着，时而巨浪翻滚，时而静谧如镜。即便在深海中，也有着不平静的运动，这种海流的运动被科学家们称为“潜流”。

被“遗忘”的潜流

潜流就像是海洋中的暗河，默默地流淌了上万年，但被人类发现到确认，却只有半个世纪而已。早在1886年，欧洲一位科学家为铺设海底电缆在大西洋几内亚湾勘探时，曾首次发现表层海水下面存在着自西向东的潜流。几十年过去了，这个发现始终躲在被科学家们遗忘的角落里。

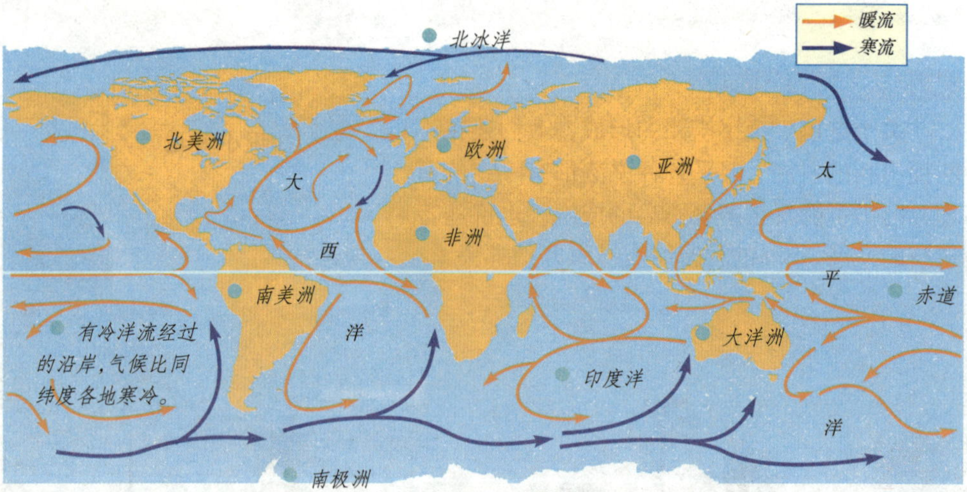

“克伦威尔逆流”

1951 年，美国海洋学者克伦威尔经过大量的资料对比之后断定，在赤道海域的表层海流之下，存在着一支像湾流那样巨大而稳定的逆向海流，这就是赤道潜流。后来这股潜流被称为“克伦威尔逆流”。

大西洋赤道潜流

1955 年，德国海洋学家韦斯特发现，在南大西洋的巴西和阿根廷海域内，有一股流势惊人的巨大潜流。这股潜流靠近南美大陆，在 1 500 ~ 4 000 米深处。奇怪的是，在对岸的非洲海域却观察不到任何潜流的迹象。

note 知识小笔记

洋流亦称海流，是具有相对稳定的流速和流向的大规模的海洋水运动。

在海洋的深处，有流量惊人的潜流。这种潜流是众多的海洋之谜之一。

更多未解之谜

潜流是如何形成的，它与表层风海流的能量转换关系是如何进行的？赤道潜流对全球气候有什么影响作用？这些都是有待于人们探索的问题。

考古探秘

这里，见证着一个古老民族的辉煌历史；这里，埋藏着数百年鲜为人知的神奇传说。为搜寻那些逝去的文明，触摸沉睡的历史，无数的科学家、探险家们一次又一次地造访深山、深入险境，自此沉睡千年的宁静被打破，一个个旷古之谜随即立体呈现……

No.056

诺亚方舟之谜

据《圣经》记载，因为有了诺亚方舟，人类和各种动物才得以逃脱上帝愤怒的惩罚。几千年来，人们总想知道诺亚方舟的一切，为了寻找这只神秘之舟，人类进行了上百次探险，然而，至今仍然没有确切的证据证明它的存在……

诺亚方舟的传说

诺亚方舟出自《圣经·创世纪》中一个引人入胜的传说。据说义士诺亚为躲避洪水，用歌斐木建造了一叶巨大无比的方舟，方舟上除了他的家人外，另可搭乘雌雄各七只的鸟、以及世界上的各种陆上生物。

诺亚建造方舟的情景

知识小笔记

亚拉腊山坐落在土耳其厄德尔省的东北边界附近，为土耳其的最高峰。

最早的推断

根据传说中的描述，人们将搜寻方舟的目光定格在亚拉腊山上。最早翔实记载亚拉腊山的人是 13 世纪意大利探险家马可·波罗。他在书中指出，该山便是诺亚方舟之山，山顶留有诺亚方舟。

诺亚带着妻子、儿女、各种动物乘上诺亚方舟。

一无所获

据近代科学研究结果表明：在6 000年前，这里的确曾发生过一场特大洪水，洪水漫到土耳其、伊朗和亚拉腊山。在1792年、1850年、1876年，探险家们多次登上亚拉腊山却没任何发现。

搁浅在黑海的山坡上

还有人认为方舟沉寂在黑海海底。2000年9月13日，一支考古探险队表示，他们在近100米深的黑海海底发现了古代人类的建筑，此外，他们还发现了两艘古代船只的残骸。因此，他们认为这可能是“诺亚方舟”故事的起源地。

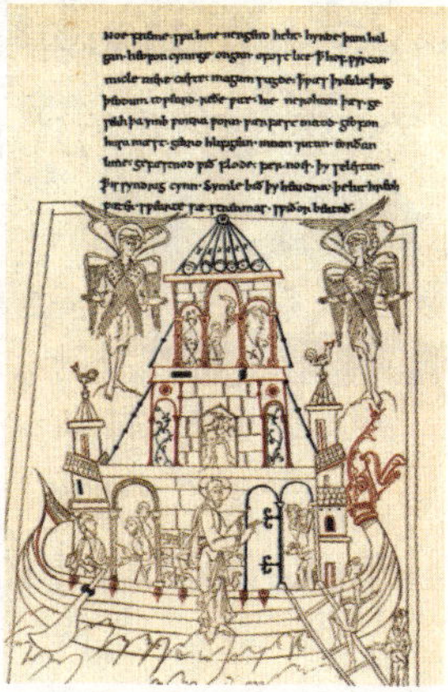

诺亚方舟结构图

有待证实

虽然“诺亚方舟”存在之说一直是专家学者的争论焦点，但在评选出的“20世纪十大骗局”当中，“诺亚方舟的发现”被列在了第三位。事实上，无论诺亚方舟是真是假，作为一个没有定论的谜团，它的存在至少表达了人类自身对善良、真诚的美好祈愿。

在美国密歇根州发现的关于史前文化的小册子上画有类似讲述诺亚方舟的图画

人们一直相信，《圣经》中提到的诺亚方舟搁浅在亚拉腊山上。

No.057

埃及金字塔之谜

埃及谚语曾言:“人类惧怕时间,而时间惧怕金字塔。”的确,早在2500年前,古希腊人便列出了当时世界上的七大奇迹。如今,经过岁月的洗礼,其他的历史奇迹都湮没了,只有为首的金字塔留存了下来。

金字塔

金字塔在阿拉伯文中的意思为“方锥体”,它是一种方底、尖顶的石砌建筑物,是古代埃及埋葬国王和王后的陵墓。由于它规模宏大,从四面观看都呈等腰三角形,颇似汉字中的“金”字,所以被人形象地译为“金字塔”。

20世纪,古埃及十八王朝法老图坦卡蒙陵墓的古物被首次公开。

运输之谜

胡夫的金字塔是用上百万块巨石垒起来的,每块石头平均有2000多千克重,最大的有100多吨重。在没有先进工具情况下,工匠们是如何搬运那些笨重的巨型石块的,实在让人困惑不解。

建筑之谜

胡夫的金字塔还以其高超的建筑技巧而得名。塔身的石块之间，没有任何水泥之类的粘着物，就算这样，人们也很难用一把锋利的刀刃插入石块之间的缝隙。

知识小笔记

我们常说的金字塔一般指的是埃及金字塔。其他著名的还有玛雅金字塔、阿兹特克金字塔等。

建造金字塔

木乃伊

"金字塔能"

据说金字塔形的构造物其内部产生着一种无形的、特殊的能量，故称之为"金字塔能"。而把肉食、蔬菜、水果、牛奶等放在金字塔模型内，可保持长期新鲜不腐；把种子放在里面，甚至可加快出芽……这其中的真伪，目前尚无定论。

法老的诅咒之谜

1922 年人们在法老图坦卡蒙陵墓的墙壁上发现"任何盗墓者都将遭到法老的诅咒！"的警示，在发掘后的三年零三个月的时间里，先后有 22 名与发掘有关的人神秘去世，从此，法老的诅咒不胫而走。

No.058

卡纳克石阵之谜

濒临大西洋的城镇卡纳克，是法国布列塔尼半岛上的一块充满神秘色彩的地方。这里最吸引游人的便是郊外那一片片整齐排列的石阵，它被称为“比金字塔更神秘”的石柱群。

宏伟的石阵

据说，卡纳克的石阵曾有 10 000 根石柱，如今仅存 2 471 根。石阵分布范围十分广泛，约有 8 千米长，主要由 3 组巨石组成：勒梅尼克、克马里奥和克勒斯冈。这些林立的石阵摆放在一起看起来十分壮观，远远望去，好似一队队正在接受检阅的士兵。

建造之谜

经考证，石阵大约是从公元前 4300 ~ 1500 年，分期竖立的。这个时期欧洲人还没有发明轮子，但石块中最大的重约 350 吨，高达 20 米，竖立者是如何把如此沉重的花岗岩竖立在指定位置的？难道是借助一种神秘的力量吗？

古老的传说

在当地曾有这么一个传说，公元前 56 年，恺撒征服高卢。被罗马人打败的卡纳克守护神科内利选到了城北的山坡上，眼看就要被追上了，情急之下，就用魔法将追赶他的罗马士兵变成了一队队排列整齐的石阵。

许多世纪以来，卡纳克的石块吸引了无数游客，不少人试图解释这些巨石的用途。

石阵的用途

最流行的一种观点认为：卡纳克是一个宗教中心，那些石块本是古布列塔尼人崇拜的偶像，后来罗马人征服了古布列塔尼人，并在上面刻上自己所信奉的神的名字，再后来基督徒又在上面刻上十字架等基督教标志，于是石阵就成了今天的样子。

note 知识小笔记

一些从事 UFO 研究的学者则认为卡纳克石阵是外星人访问地球的飞船基地。

长期以来，卡纳克石阵一直默默无闻，直到 18 世纪 20 年代才引起人们的注意。

更多猜测

长期以来，对卡纳克石阵的各种推测众出，诸多传说纷纭，至今莫衷一是。有人认为这些石块是提高妇女生育能力的神石；有人认为是代表他们祖先灵魂的灵石；还有人认为，石阵是一片墓碑群。

No.059

巨石阵之谜

在英国著名的风景胜地索尔兹伯里平原上，有一个神秘的史前遗迹——巨石阵。几个世纪以来，这些雄伟壮丽的圆形巨石群一直与神秘和离奇的传说联系在一起，但从始至终没有人真正知道这些巨石的用途……

神秘的巨石阵

巨石阵的主体由几十块巨大的石柱组成，这些石柱排成几个完整的同心圆，巨石阵的外围是直径约90米的环形土沟与土岗，内侧紧挨着的是56个圆形坑。这些巨石高七八米，平均重量28吨左右，有些石柱之间还横架着大石板。

note 知识小笔记

巨石阵又称索尔兹伯里石环、环状列石、太阳神庙、史前石桌等，是欧洲著名的史前时代文化神庙遗址。

人为建造的奇迹

科学家认为，这样一个规则的圆环形石阵并非大自然的产物，而是人为建造的。并且它的建筑是从公元前3000～公元前1500年分三个阶段进行的，整个工程前后进行了数百年，才形成同现在类似的格局。

不可思议之处

从现在看来，巨石阵的建筑规模和工程难度对于早期人类来说，简直是不可思议的。它的建成比埃及最古老的金字塔还要早几百年，然而究竟是谁建造了这雄伟的巨石阵，现在仍然众说纷纭。

谁是建造者

有人认为，信奉多神灵的古代克尔特人是巨石阵的建筑师；也有人认为这是克尔特人建造的墓穴；还有人认为是古罗马人为天神西拉建造的圣殿……然而这些虚无缥缈的想象都没有确凿的证据。

巨石阵的主体由几十块巨大的石柱组成，这些石柱排成几个完整的同心圆。

最流行的说法

最流行的观点认为，巨石阵可能是天文台最早的雏形。因为它的主轴线、通往石柱的古道和夏至日早晨初升的太阳，在同一条线上；另外，其中还有两块石头的连线指向冬至日落的方向。所以人们据此猜测，巨石阵可能是远古人类为观测天象而建造的。

巨石阵最不可思议的是石阵中心的巨石，这些巨石最高的有8米。

《汉谟拉比法典》之谜

No.060

《汉穆拉比法典》是古巴比伦国王汉谟拉比颁布的一部法律，被认为是世界上最早的一部比较系统的法典。只是在它身上至今还有种种神秘的地方为我们所不知……

法典的发现

在1901年12月，由法国人和伊朗人组成的一支考古队，在伊朗西南部一个名叫苏撒的古城旧址上发现了三块黑色玄武石。将三块拼合起来，恰好是一个椭圆柱形的石柱。经考证，这正是用楔形文字记录的法律条文——《汉谟拉比法典》。

汉谟拉比口授法典，司法官在一旁做记录。

法典的地位

汉谟拉比法典是建立在“以眼还眼，以牙还牙”和“让买方小心提防” 两个最著名的原则基础上的，正是依靠这部法典，汉谟拉比时代的巴比伦社会，成为古代东方奴隶制国家中统治最严密的国家。

法典的发现

《汉谟拉比法典》是目前所知的世界上第一部比较完整的成文法典。法典竭力维护不平等的社会等级制度和奴隶主贵族的利益，比较全面地反映了古巴比伦社会的情况。

note 知识小笔记

《汉谟拉比法典》是古巴比伦第六代国王汉谟拉比（前1792年～前1750年在位）颁布的一部法律。

坎坷的经历

公元前 1163 年，一个名叫埃兰的奴隶制王国攻占了巴比伦之后，便把刻着汉谟拉比法典的石碑作为战利品搬回到了苏撒。后来，埃兰王国被波斯所灭。汉谟拉比石碑法典便又落到了波斯人手中。至此以后，法典便神秘消失……

汉谟拉比石碑上的文字

更多未解之谜

据史料记载，埃兰国王攻克了巴比伦后，自感成就非凡，不甘身死名逝，于是打算在这巨大的圆柱石碑正面上刻上自己的丰功伟绩。可是，为什么毁去上面的字迹后并没刻上新字，反而被损坏了？还有，法典到底还经历了哪些劫难？这些都还有待我们继续探讨和发现。

汉谟拉比法典铭刻在高 2.25 米的黑色玄武岩柱上，上部为浮雕，下部为文字。共 3500 行，正文有 282 条内容，用阿卡德语写成。

南海迷宫之谜

古希腊神话传说中曾有一个“米诺斯王宫”。相传，它是戴达鲁斯神为米诺斯王所建。宫殿结构复杂，廊道迂回曲折，人入其中往往迷途不得出，因此米诺斯王宫有“南海迷宫”之称。

古老的传说

很久以前，克里特岛的国王米诺斯曾许诺送给海神波塞冬一头美丽的白色公牛。可是，米诺斯国王后来竟然反悔了。波塞冬一怒之下，便让米诺斯的王妃生下了一个牛头人身的怪物，人称“米诺斯之牛”。无奈中，国王只好下令为怪物建造了一座迷宫。迷宫里纵横交错，外人一旦误入就会被那个怪物吃掉。

米诺斯王宫出土的文物

知识小笔记

米诺斯文明是爱琴海地区的古代文明，出现于古希腊，迈锡尼文明之前的青铜时代。

希望的转机

古希腊的神话是这样描述的，但事实上是否存在过这样一座迷宫呢？今天我们能知道这一切得归功于英国考古学家亚瑟·伊文思。

南海迷宫遗址

地点之谜

亚瑟·伊文思认为南海迷宫就在希腊南端的克里特岛上，因为这里土地肥沃，气候温和，适于发展畜牧业和农业。此外它邻近埃及和西亚这些古代早期文明的发源地。这些得天独厚的地理条件，极有可能使克里特岛成为希腊最早进入文明时代的地区。

千门百户

考古学家在一个叫做克诺索斯的山冈挖出了一个占地 2 万平方米的巨大“迷宫”遗址。宫殿分为东、西两宫，西宫是两层的小楼，东宫则是四层楼，加起来可能有上千个房间，和传说里一样。

米诺斯王宫壁画

米诺斯王宫内部复原图

灭亡之谜

米诺斯王宫到底是什么年代的产物，为何它能保存得如此完整？正当米诺斯霸国如日中天之际，他们为什么会抛弃自己的宫殿于不顾，撒手而去呢？米诺斯文化也从此戛然而止。也许，米诺斯文明的毁灭另有隐情。

No.062

迈锡尼文明之谜

迈锡尼考古的进行，使荷马优美的诗句又一次回响在迈锡尼的废墟中。埋没已久的迈锡尼文明在一代又一代考古学家的努力下，向人们展现了辉煌灿烂的面目。

迈锡尼文明

迈锡尼文明是希腊青铜时代晚期的文明，它由伯罗奔尼撒半岛的迈锡尼城而得名。公元前 2000 年，位于希腊半岛的迈锡尼出现青铜器文化，迈锡尼文明大约由公元前 1600 年开始。

知识小笔记

迈锡尼文明是在 19 世纪末由海因里希·施里曼于发掘迈锡尼(1874 年)的过程中重现天日的。

“黄金之城”

从遗留下来的坚固城堡和丰富的金银宝藏中，人们可以窥见迈锡尼文明的强盛和富裕。公元前 1500 年上下，迈锡尼已经形成了奴隶制国家。金属冶炼及手工业品制造已经达到而且超过克里特的技术水平，这体现在他们的黄金装饰制品及青铜器的使用中。

迈锡尼遗址出土的阿伽门农黄金面具

消失于世

从公元前 1200 年开始，迈锡尼文明的众多城邦被毁灭，最终以至于线形文字 B 也失传了，同时许多的技术也在此期间失传。

古希腊建筑迈锡尼的城墙用巨石垒成，城门上有两只雄伟的石雕狮子，称为“狮子门”，它的遗址至今仍在。

灭亡之谜

关于迈锡尼文明的毁灭，有人认为它的毁灭是由于多利安人的入侵导致的。可落后的多利安人又是如何组织起强大的攻击能力的呢？另一种可能是它被更先进的文明所毁灭，而多利安人是乘机迁入的。因此迈锡尼文明的覆灭至今还是一个谜。

疑惑之处

迈锡尼文明时期的精美壁画

在荷马的笔下，迈锡尼似乎是一座黄金遍地的城市。迈锡尼本身并不出产黄金，那么多的黄金都是从哪里来的呢？迈锡尼高踞高山之上，可为何在历史上却多次被攻破呢？还有，迈锡尼文明已经创造了自己的文字，但他们却不在墓碑上刻下死者的名字和业绩呢？

迈锡尼女人

No.063

玛雅文明之谜

1839年，美国探险家史蒂芬斯和卡瑟伍德深入雨林腹地，发现了神奇而雄伟的古代宫殿遗址——玛雅古城科藩。他们的发现证实了一向被欧洲人视为荒蛮之地的美洲，曾有过堪与旧大陆古典时代比肩的辉煌文明。

气度非凡的金字塔

与埃及的金字塔不同的是，玛雅金字塔不完全是帝王的陵墓，而往往是一种祭坛。但是，无论是从建筑规模还是从建筑技巧上讲，玛雅金字塔都可以与埃及金字塔相媲美，甚至是有过之而无不及。

玛雅金字塔规模宏伟，构造精巧，其种种神秘情景完全可以与埃及金字塔相媲美。

玛雅人测算的金星年是584天，和现代的测量相比，50年内的误差只有7秒。

精确的天文历法

玛雅人把一年分为 18 个月，他们测算的地球年为 365.2420 天，现代人测算为 365.2422 天，误差仅 0.0002 天，就是说 5 000 年的误差才仅仅一天。他们测算的金星年为 584 天，与现代人的测算 50 年内误差仅为 7 秒。

note 知识小笔记

据考古发现，玛雅文明诞生于公元前1000年，分为前古典期、古典期和后古典期三个时期，直到公元9世纪突然消失。

严密的数学体系

玛雅人的数学体系中最先进的是“0”这个符号的使用，它的发明与使用比亚非古文明中最早使用“0”的印度还要早一些，比欧洲人大约早了800年。用这个计算系统来纪年，玛雅人可以准确无误地记下几千万年中的每一个日子。

解不开的疑惑

很明显，这一切知识已经超过了农耕社会的玛雅人的实际需求而令人不可思议。这使任何人都不能不产生深深的怀疑：古代玛雅人是怎么得到了那高深的知识？灿烂的玛雅文化究竟是怎样产生的，后来又怎样销声匿迹的？

玛雅文化遗址中的天文台

恰克—莫尔神像

无法解释的灭亡之谜

对于玛雅文明的灭亡，史学界有着各种解释与猜测，譬如外族侵犯、气候骤变、地震破坏、瘟疫流行，都可能造成大规模的集体迁移，然而，这些说法都是缺少说服力的。时至今日，有关玛雅文明的出现及其发展到衰亡和消失无不充满了神秘色彩。

No.064

奥尔梅克文明之谜

在公元前1200～公元80年间，就在地球上的大多数角落仍然处于文明的黑暗中时，中美洲的墨西哥湾的炎热海岸上出现了这样一种文明——奥尔梅克文明。

中美洲文明始祖

如今，奥尔梅克文明被普遍认为是中美洲文明的始祖，因为它为日后的社会提供了许多宝贵的文明财富：有恢宏宫殿的残骸，有奇特的陶器，有人形美洲虎图案……但最卓著的当属奥尔梅克特有的雕像。

大多数人认为，这些像的原型应当是奥尔梅克的国王。

巨大的奥尔梅克头像

知识小笔记

奥尔梅克人主要崇拜半人半美洲虎的神，也崇拜羽蛇神和谷神。

奥尔梅克人头像

这些雕像以巨大的石头头部雕像工艺见长，都是用重10吨、25吨，甚至40吨的独块玄武岩巨石雕凿成的。它们有一个共同的特征：亚非人种的嘴唇，扁平的鼻子，张着嘴唇，两眼呆板，充满诡秘气氛。

突然崛起的文明

几乎没有经历任何渐进的过程，生活在这里的人们突然之间就形成了一种全新的、巨大的社会组织，以金字塔祭坛为中心，以强有力的宗教信仰为主线，出现了一些超过几千人的居民聚落，使奥尔梅克文明突然崛起于墨西哥东部的这片海滩。

特雷斯·萨波特斯石碑

殷人东渡说

人们针对奥尔梅克文明突然崛起产生了种种说法。其中最有意思的是与中华文明有着神秘联系的殷人东渡说。殷商末年，亡国后的部分殷人不愿意做周的臣民，于是夺海东渡。然而，由于风暴的原因，一些人在风暴和洋流的影响下，漂流到了墨西哥，别开生面地开创了中美洲最早的文明。

神秘的消亡

谜一样的兴起还无从解释，谜一样的灭亡更是激起了人们的好奇之心。这么强盛和发达的民族，到公元前900年不知是什么原因突然消失了，仿佛一下子从人间蒸发了。令人奇怪的是，他们的遗迹中也没有任何遭到外敌入侵的痕迹。

奥尔梅克文明时期陶塑

Mystery of Olmec

Archaeological Quest

No.065

巴别通天塔之谜

地处幼发拉底河东岸的巴比伦城，在如今的伊拉克首都巴格达南约 100 千米处。那里曾屹立着一座无比壮观的巨塔——巴别通天塔。可它为何被称作"巴别"塔？它真的能够"通天"吗？

宗教中的巴别塔

根据犹太人的《圣经·旧约》记载：当时的人类联合起来，兴建能通往天堂的高塔。为了阻止人类的计划，上帝变乱了人类的语言，使人类相互之间不能沟通，计划因此失败。"变乱"一词在希伯来文中是"巴别"，因此这座塔又被称为巴别塔。

历史上的通天塔

据说，巴别塔是当时巴比伦国内最高的建筑，在国内的任何地方都能看到它，人们又称它为"通天塔"。也有人称它是天上诸神前往凡间住所途中的落脚处，是天路的"驿站"或"旅店"。

知识小笔记

希罗多德是伟大的古希腊历史学家。他因《历史》一书得到了人们无比的崇敬。

残存的遗迹

然而几千年来人们一直都没有发现巴别塔的遗迹，有人认为它不过是个神话传说而已。后来考古学家在古巴比伦遗址上发现了一个由石块、泥砖砌成的拱形建筑废墟，中间有口正方形的大井，人们推断这就是巴别塔的塔基。

在希伯来语中，“巴别”是“变乱”的意思，于是这座塔就被称做“巴别塔”。左图是布鲁格尔画笔下的巴别塔。

曾经的记载

古希腊历史学家希罗多德游览巴比伦城时，对这座已经受损的塔青睐有加。根据他的记载，巴别塔建在8层高的高台上。塔基每边长大约90米，塔高约90米。墙的外沿建有螺旋形的阶梯，可以绕塔而上，直达塔顶；塔梯的中腰设有座位，可供歇息。

“历史学之父”希罗多德塑像

No.066

亚历山大灯塔之谜

世界公认的古代七大奇迹有两个在埃及，一个是名列七大奇迹之首的金字塔，另一个就是名列第七位的亚历山大灯塔。灯塔的高度当之无愧地使它成为当时世界上最高的建筑物。

灯塔的修建

为了保证夜间行船的安全，埃及国王托勒密二世委派索斯特拉塔斯在最大港口的入口处，修建导航灯塔。经过 40 年的努力，一座雄伟壮观的灯塔在法罗斯岛的东端落成，人们将它称为“亚历山大法罗斯灯塔”。

亚历山大城的法罗斯灯塔于公元前 300 年建在一座人工岛上。

灯塔的构造

据文献记载，灯塔由 4 层构成：底层为正方形，高 60 米，有 300 余个房间和洞孔，供人员住宿、存放器物；第二层为八面体，高 30 米；第三层即灯体所在；第四层为海神波塞东的巨大塑像。整个灯塔高达 150 米，全为石灰石、花岗石、白大理石和青铜铸成，气势恢宏。

↑灯塔建筑在三层台阶之上，在它的顶端，白天用一面镜子反射日光，晚上用火光引导船只。

宏伟的灯塔

当亚历山大灯塔建成后，它的高度当之无愧地使它成为当时世界上最高的建筑物。千百年来，亚历山大灯塔一直在暗夜中为水手们指引进港的路线。

神秘的消失

这座伟大的建筑如今已荡然无存，很长时间以来，人们竟然找不到关于灯塔的某些实质性东西，以至于人们开始怀疑：2000 多年前的亚历山大人真能建造如此雄伟的巨塔吗？甚至有人认为，历史典籍中所描绘的也许只是个美丽的传说罢了。

note 知识小笔记

古代七大奇迹：埃及吉萨金字塔、奥林匹亚宙斯巨像、阿泰密斯神庙、摩索拉斯基陵墓、亚历山大灯塔、巴比伦空中花园、罗德岛太阳神巨像。

毁灭之谜

据史料考证，这座灯塔的确存在过，可它到底是怎么被毁灭的呢？尽管大多数人认为它毁于大地震，可也有传是人为的拆毁……所有的这一切已无从考证，只留下来了个无法破解的谜。

No.067 龙游地下石窟

浙江衢州龙游县城以北 3 千米的衢江北岸，有一座不起眼的小山丘，海拔仅 69 米，一直荒无人烟。可这里却有一个著名的古代大型建筑群，一个被观者惊呼为“旷世奇窟”的石窟——龙游石窟。

无意间的发现

1992 年 6 月 9 日，石岩背村的几位村民想抽干潭水从中打出些鱼虾来卖。谁知道水落洞出，竟无意间发现了这些气势恢宏的地下石窟。

神秘的石窟

5 个石窟的布局呈北斗七星的形状，而且里面均有石柱支撑，其布局符合力学原理。石窟与石窟互不相通，它们之间的间隔有些仅 50 厘米。在 1 号石窟的石壁上刻有马、鸟、鱼，而在另外的石窟里发现多处数米长的闪电状刻纹。

note 知识小笔记

从已经开发的石窟来看，石窟的工程浩大恢宏、模式基本统一。

众多未解之谜

据考证，石窟已有两千年的历史了，它是由何人开凿的？凿于何时？有何用途？当初凿洞如何照明采光？……更令人不解的是：如此庞大的工程竟无任何文字记载，甚至连民间传说也没有？这些让人匪夷所思的谜团无不吸引着更多人去探秘，去破译。

“废弃的采石场”

有人认为石窟是一个“废弃的采石场”。他们的理由是，从凿洞的方式看，是逐层下剥，采用斜凿的方式把岩石和岩体剥离是最好的办法。而石窟紧靠衢江，也便于运输石料。

龙游石窟窟口都设在石窟西南隅顶部，当太阳在一天之中最强的过午“昃”位，室内光线充足，明亮异常。

有观点认为，从石窟的凿痕看，其工具应当是青铜器。

“地下仓库”

据说有学者在查阅当地县志时，发现了明代一幅叫《翠岩春雨》的画，画中描绘了衢江边一个用作仓库的人工石洞，他们认为这很可能就是龙游石窟。然而，不管哪一种学说，在科学的论据得到之前都只能是假说。

秦始皇陵地宫之谜

No.068

秦始皇陵位于西安以东30千米的骊山北麓，南依骊山，层峦叠嶂；北临渭水，逶迤曲转。它是一座充满了神奇色彩的地下“王国”，那幽深的地宫更是谜团重重。

恢宏的陵园

秦始皇陵集中了秦代文明的最高成就，其巨大的规模、丰富的陪葬物居历代帝王陵之首。秦始皇要把他生前的荣华富贵全部带入地下，于是就把陵园的布局和结构完全仿照秦都咸阳设计建造。

胡夫金字塔是埃及现存的金字塔中最大的金字塔，被喻为“世界古代七大奇迹”之一。

秦始皇画像

知识小笔记

1987年，秦始皇陵及兵马俑被列为世界文化遗产。

浩大的工程

陵园工程由选点设计、施工营造到最后被迫中止，前后长达37～38年之久，在我国陵寝修建史上名列榜首，其修建的时间比埃及胡夫金字塔还要长8年。

历史的记载

秦始皇陵地宫是陵墓建筑的核心部分，据《史记·秦始皇本纪》记载，陵墓挖于泉水之下，然后用铜法浇铸加固；墓室里面放满了奇珍异宝；为了防范盗窃，墓室内设有一触即发的弩机暗箭；墓顶镶着夜明珠，象征日月星辰；下面是百种、五岳和九州的地理形势，用机械灌输了水银；用鱼油燃灯，以求长明不灭……

秦陵园出土的青铜鹤造型优美自然，其高度写实和个性凸显的艺术风格，堪称秦代艺术的巅峰杰作。

"项羽毁陵"之谜

相传秦始皇陵于公元前206年被项羽凿毁。但根据现场卫星遥感的情况分析，可以得出地宫基本完好、未遭严重破坏和盗掘的结论。据估计，当年项羽盗毁的可能是陵园的附属建筑。

更多未解之谜

地宫的结构是什么样子？地宫内藏匿了多少奇器珍宝？地宫内有没有防盗机关？地宫挖了多深？始皇帝的棺柩是铜棺、石棺还是木棺？秦始皇的尸骨是否完好无损……这一系列的谜团还等着我们去揭开。

兵马俑坑是秦始皇陵的陪葬坑，其中出土了约 7 000 个秦代陶俑及大量的战马、战车和武器，代表了秦代雕塑艺术的最高成就。

No.069

楼兰古国之谜

楼兰是中国西部的一个古代小国。古时的楼兰地处丝绸之路的要道，不仅水美土肥，商业发达，而且还曾是当时世界上最繁华的“大都市”之一。到了公元4世纪，它却在一夜之间在中国史册上神秘地消失了……

楼兰的发现

1900年3月，瑞典探险家斯文·赫定在孔雀河下游发掘出了大量文物，包括钱币、丝织品、粮食、陶器、36张写有汉字的纸片、120片竹简和几支毛笔。后来经过鉴定，这座古城就是赫赫有名的古国楼兰！

面临的疑惑

如今，在羌县北境，罗布泊以西，孔雀河道南岸7 000米处，整个楼兰遗址散布在罗布泊西岸的雅丹地形之中。城内破败的建筑遗址显得格外苍凉、悲壮。这样一个繁华的古国，为什么会突然人去“楼”空，变成一片荒沙掩埋的废墟呢？

note 知识小笔记

楼兰在历史上是古代丝绸之路的重要枢纽，中西方贸易的中心。

“游移说”

大多数人认为楼兰的消失与罗布泊的南北游移有关。罗布泊是古楼兰的生命之源，罗布泊的迁移，致使楼兰水源枯竭，楼兰人失去了赖以生存的水源只好弃城别走，楼兰古城也就在历史上消失了。

楼兰古城的发现者斯文·赫定

如今一片荒凉的楼兰遗址，从残垣断壁间似乎仍在诉说着昔日的辉煌。

“社会变迁”说

也有人认为频繁的战争、掠夺性的洗劫使楼兰的植被和交通商贸地位受到了毁灭性的破坏。而地处沙漠边缘的楼兰，丧失了这两个基本要素，也不可能存在下去。于是，它就变成了今天满目黄沙、一片苍茫的景象。

消亡真相

对于楼兰古城消亡的真正原因，除了以上两种说法外，还有“丝路改道说”“河流改道说”“瘟疫说”“生物入侵说”等说法，但楼兰古国消失的真正原因到底是什么？人们仍在探索。

复活节岛之谜

No.070

在浩渺无际的太平洋东南部，有一个著名的小岛——复活节岛，岛上的土著居民是波利尼西亚人，他们称这个岛为“地球的肚脐”或“地球的中心”。这个荒凉的弹丸之地多年来一直吸引着各国的史地学者和考古学家们……

名称由来

1722年4月5日，荷兰海军上将雅格布·罗格文率领一支分舰队在距智利3 000千米的东南太平洋上首次发现了举世瞩目的复活节岛。因为那天正好是基督教的复活节，所以它得名“复活节岛”。

知识小笔记

1995年，复活节岛被联合国教科文组织列入世界遗产。

神秘的石像

岛上约有600座以上的大石雕像，遍布全岛，人们称之为摩艾石像。这些石像至少有10米高，最高的可达20多米，都是用整块的暗红色火成岩雕凿，重量可能有十多吨。石像一律半身，没有腿，外形大同小异，姿势全部面向大海，表情冷漠。

在这四面都是汪洋大海的小孤岛上遍布的雕像给人们无限的想象，这些石像是什么人雕刻的呢？它象征着什么呢？

众多疑问

这些世界罕见的巨大石雕究竟代表什么呢？究竟是谁，又是怎样雕刻了这些石像？他们为什么要雕刻这些石像？石像又是怎样运到海边、放置到巨大的石头平台上去的？这些问题令人们百思不得其解。

科哈乌·朗戈—朗戈条板上的文字符号，是揭开复活节岛古文明之谜的钥匙。100 多年来世界许多学者为破译它倾注了毕生精力，但一直没有人能破译。

复活节岛上带帽雕像

石雕像之谜

如今，科学家普遍认为这些石像就是现代波利尼西亚人祖先的作品。波利尼西亚人于公元 1 世纪上岛，雕刻工程始于 7 世纪，12 世纪进入施工鼎盛时期，历经 500 余年。巨大的石像则代表着已故的部落酋长或宗教领袖。

会说话的木板

人们在石像附近曾经发现过刻满奇异图案的木板，人称“会说话的木板”。木板两边用鲨鱼牙或坚硬的石头刻的方形图案，像鱼、鸟、草木和船桨等。可是，这些图案究竟是不是文字呢？它又在告诉我们什么呢？谜底至今还没有揭开。

巴米扬石窟之谜

No.071

阿富汗是中亚地区的文明古国，古代丝绸之路上的重镇。在阿富汗境内，有一座闻名世界的巴米扬石窟，它与云冈石窟的创建，几乎可以锁定在同一历史轨道。两窟遥相辉映，互为参照，构架成人类石窟艺术史上一个超越时空、妙绝古今的壮观。

辉煌的石窟

巴米扬石窟开凿在东西长约 1300 米的断崖壁面上，大小洞窟总数为 750 个左右，组成了以东西两尊大佛为主体的布局，于极盛时期整个石窟的规模比敦煌大上十倍之多。在公元 4 世纪和 7 世纪，中国晋代高僧法显和唐代高僧玄奘都曾先后到过这里。

世称三藏法师，俗称唐僧。唐高僧，佛教学者、旅行家，与鸠摩罗什、真谛并称为中国佛教三大翻译家，唯识宗的创始者之一。

知识小笔记

巴米扬山谷的佛像和岩洞艺术是公元 1 世纪～6 世纪之间古代巴克特里亚文化宗教发展的杰出代表。

“东大佛”和“西大佛”

巴米扬石窟群中最引人注目的是分别开凿在东段和西段的两尊高大的立佛像，俗称“东大佛”和“西大佛”，两佛相距 400 米。东大佛高 37 米，名叫沙玛玛；西大佛高 55 米，名叫塞尔萨尔。两尊佛像的两侧均有暗洞，洞高数十米，可拾级而上，直达佛顶，其上平台处可站立百余人。

千古之谜

巴米扬石窟群曾是古代丝绸之路上连接中亚、西亚和印度的重要枢纽，是古代东西方文化交流的十字路口。令人们至今迷惑的是：这项如此浩大的工程是如何完成的？至今没有人能够说得清楚。

巴米扬石窟是现存最西部的文化遗迹，佛教美术在这里兴盛了几个世纪之久，融合进不少西方因素。

石窟涅槃

千年以来，已历经风风雨雨、战火沧桑的巴米扬大佛带着满身的伤痕屹立在世间。在它建成后的漫长岁月中，战火的劫难使它备受摧残。仅仅是有记载的大规模破坏活动前后就有 4 次，每一次都使它历尽磨难……

灭顶浩劫

2001 年 3 月，阿富汗武装派别塔利班更是不顾联合国和世界各国的强烈反对，动用大炮、炸药以及火箭筒等各种战争武器，摧毁了巴米扬包括塞尔萨尔和沙玛玛在内的所有佛像。如今，人们在山崖下看到的只是佛像形状的石窟和佛像的残骸。

No.072

大津巴布韦之谜

位于非洲大陆南端的津巴布韦共和国以盛产祖母绿而闻名，然而最使津巴布韦人民自豪的还不是富饶的物产，而是他们国名的由来——大津巴布韦遗址。

遗址的发现

1871 年，德国地质学家莫赫有一次在非洲南部旅行，无意间在一个地方发现了一座废城遗迹。这些残留的墙和塔，由切割得非常精确的石板天衣无缝地垒砌而成，石板间找不到任何泥浆之类的黏合物。设计巧妙令人惊叹，莫赫认为这座废城不可能是当地的非洲人所建。

布局精巧

这座令人难以忘却的废城，屹立在津巴布韦东南部，是一个大面积的建筑复合体，里面有防御工程、塔状建筑和排水系统。它充分显示出当初建造者的艺术才干和建筑水平。

大津巴布韦遗址是古代非洲文明的杰出代表，它代表着非洲撒哈拉以南地区文明发展的极高成就。

繁荣的都市

从已经发掘到的文物看，这里曾经是一座非常繁荣的城市，农业、冶炼业、对外贸易都相当发达，而且一度与中国、阿拉伯、波斯等许多国家有着经济、文化的交往。可令人困惑的是，附近的居民竟然一点也不知道这座废城的历史。

遗址的主人之谜

那么，建造这座石头城的究竟是什么人呢？地质学家莫赫推测这里很可能就是《圣经》中盛产黄金和宝石的古城——俄斐；也有一些学者认为大津巴布韦是从埃及等古文明社会请来建筑师设计建造的贸易站；甚至还有人认为这里就是所罗门王藏宝之处……

大津巴布韦卫城上的神庙里是令人费解的圆锥塔，此塔高20余米，没有任何文字标记。

知识小笔记

大津巴布韦的石头雕刻精妙绝伦，其中被称为“津巴布韦大鸟”的石像，在今天津巴布韦的国旗和钱币上随处可见。

本土黑人的杰作

苏格兰专家兰德尔·麦基费认为，这些伟大的石块建筑物不是外地人而是由当地的非洲黑人建造的，这些遗迹存在的时间仅有几百年的历史，而非几千年。如此一来，认为大津巴布韦遗址有数千年历史的说法就不攻自破了。

吴哥窟之谜

No.073

1860年，法国博物学家亨利·穆奥为了寻找珍稀的植物标本而钻进了柬埔寨密林深处。在一个人迹罕至的地方，却意外地发现了一座辉煌的人类文明遗迹——吴哥窟，一个被密林掩藏了四百多年的神秘古城……

吴哥窟

吴哥窟又称吴哥寺，是柬埔寨历史最悠久、规模最宏大的古寺。据历史记载，建造吴哥窟的是神勇善战的高棉国王苏利亚瓦尔曼二世。他出动了全国最好的工匠、彩绘师、建筑师及雕刻家，经历了37年的漫长岁月，使吴哥窟终于完工。

> **note 知识小笔记**
>
> 1992年，联合国将吴哥古迹列入世界文化遗产，此后吴哥窟成为柬埔寨旅游胜地。

神话的城堡

吴哥窟所有的墙壁都刻有精美的浮雕，每个平台的周围都有面向四方的长廊，连接着神殿、角塔和阶梯，连堤路的两边也都竖立着巨大威严的那伽蛇神像。

吴哥窟的浮雕被认为是世界艺术宝库中的精品,其主要内容是有关印度教大神毗湿奴的传说。

消失于世

吴哥文明的建筑之精美令人赞叹不已，令人不解的是，到 15 世纪这里却突然人去城空。此后的几个世纪里，吴哥地区又变成了树木和杂草丛生的林莽与荒原。在穆奥发现这座遗迹之前，连柬埔寨当地的居民对此都一无所知。

吴哥窟原始的意思为“毗湿奴的神殿”，中国古籍称为“桑香佛舍”。

无尽的神秘

据考察,过去曾有 200 万以上的人口在这儿居住,这个民族和这些人们到底到哪儿去了呢?有人认为是外族入侵，有人认为是瘟疫流行，有人认为是发生了内讧……吴哥窟给世人留下的只是无尽的神秘。

难解之谜

当时的人们修建这座都城寺院究竟是出于何种目的? 这么精美的建筑，为何被隐没在莽莽林海之中?它又是怎样衰落的呢? ……这一切都是难解的谜。

名人艺术

好奇心是人类的天性。古希腊为何流行裸体雕塑？达·芬奇为什么会有非凡的创造力？《蒙娜丽莎》为什么会有神秘的微笑……人类正是在不断探索的过程中，发现自己与世界的联系。我们也相信，在不远的将来，这些困扰着我们的谜团终将被逐个解开。

史前壁画之谜

No.074

从法国深山到北美大峡谷，世界上很多地方都有史前壁画被发现，而且它们常出现在人迹罕至的险峻之处。那么，这些壁画是谁画的？它们代表什么？至今还留下无数的谜团等着人们破解。

西班牙史前壁画

1879 年，业余考古学家萨托奥拉在位于西班牙北部的一个山洞发现一些用褐色、黄色、黑色和红色涂料勾画的野牛图案。每头野牛神态各异，栩栩如生，有的正以爪子抓挠地面、有的躺卧、有的怒吼、有的被长矛刺伤，神情上表现出濒于死亡的痛苦。在野牛的周围，还画着其他动物。

note 知识小笔记

壁画是以绘制、雕塑或其他造型手段在天然或人工壁面上制作的画。

精湛的技艺

即使在今天看来，画家们精湛的绘画功底仍具有较高的艺术造诣。由于萨托奥拉发现的这些画是在幽深、宽敞的漆黑洞穴里发现的，有的在洞顶，有的在四壁，酷似教堂壁画，因而被后人称为“史前艺术的西斯廷教堂”。

阿尔塔米拉《野牛图》

100 多年来，阿尔塔米拉洞穴以其古怪的壁画而闻名于世。然而，从洞穴发现之时起，就一直有人怀疑壁画的真伪，直到现在，人们还在尝试用各种手段来探索其中的奥秘。

“航天服”岩画

在澳大利亚阿纳姆高地有一些奇怪的壁画，画上的人穿着类似今天宇航服的装扮，头上带着有观察小孔的头盔，上面还有一根像天线的东西，衣服上还有明显的拉链——这简直就是今天宇航员的形象。

纳米比亚古岩画

1918 年，德国人马克在纳米比亚发现了一幅颇具现代气息壁画。画中人物完全像一位 20 世纪的贵妇，她身穿短袖套衫和紧绷臀部的马裤，戴着手套，烫着时髦的现代发型。人们不禁奇怪，还处于蛮荒时代的人们怎么会有这么丰富的想象力？

面对这些神奇的史前壁画，人们不禁要问：这些壁画的含义是什么？是何人所作？为什么和现代人的生活场景有惊人的相似之处？

No.075

沙漠岩画之谜

撒哈拉沙漠是世界第一大沙漠，气候炎热干燥。然而，在这极端缺水、植物稀少的旷地，竟然曾经有过高度繁荣的远古文明——绮丽多姿的远古大型岩画。

逼真的动物岩画

岩画生动地描述了动物受惊后四蹄腾空、势若飞行、到处狂奔的紧张场面，形象栩栩如生。画面上的大象、犀牛、长颈鹿、驼鸟等现在只能向南 1 500 多千米的草原上才能找到的动物，另外还有一些显然已经绝迹的飞禽走兽。

知识小笔记

撒哈拉沙漠是世界上除南极洲之外最大的荒漠，位于非洲北部，气候条件极其恶劣。

岩画中人物的形象具有硕大的圆形脑袋，有些头上还有细角，与现代宇航员的装扮有几分相似。

史前风俗画

在壁画人像中，有的人身缠腰布，头戴小帽；有些人不带武器，而像在敲击乐器；有些似乎在献贡品，像是欢迎“天神”降临；还有些人则是翩翩起舞……从画面上看，舞蹈、狩猎、祭祀和宗教信仰应该是当时人们生活和风俗习惯的重要内容。

真实面貌

人们推断：古代的撒哈拉并非黄沙一片，而是肥沃的绿色草原。从这些岩石壁画上可以推想出古代撒哈拉地区的自然面貌，可以肯定，当时一定有许多部落或民族生活在这块美丽的沃土上，创造了高度发达的文化。

岩画生动地表现了人类当时的生活情景：人们吹着号角、赶着牛群的劳作场面。

漫长的变迁

曾经水土丰美的撒哈拉何以变成今天这幅景象呢？有学者认为，这与非洲远古气候的变化有关。从最古老的水牛到鸵鸟、大象、羚羊、长颈鹿等草原动物，说明撒哈拉地区气候变得越来越干旱。而这也恰好解释了在今天极端干燥的撒哈拉沙漠中，为什么会出现如此丰富多彩的古代艺术品。

更多未解之谜

在当时，会是什么人绘制了这些岩画呢？他们的后裔又去向何方？这一文明的开端从新、旧石器时代的交替时期开始，而它的最初源头、其后的发展脉络也并不清晰。这所有的一切还有待我们的继续探索。

希腊雕塑裸体之谜

在欧洲文化发展史上，古希腊罗马时代是雕塑发展的第一个高峰期，而裸体雕塑似乎是这一时期创作的主流，几乎所有的雕塑作品都是裸露的女子和男子。人们在欣赏古希腊雕塑艺术的时候，不由对这种裸体雕塑之风产生了好奇之心……

“裸体风俗”的影响

有的研究者认为，古希腊的裸体艺术源于原始社会的裸体风俗。由于原始人把性看作大自然的赐物，生命与欢乐的源泉，对男女外生殖器的表达较为突出。到了古希腊罗马时代，裸体艺术则达到了一个高潮。

知识小笔记

希腊著名雕塑家米隆的《掷铁饼者》、留西鲍西斯的《刮油污的竞技者》等作品是古希腊裸体雕塑杰作。

“尚武”之风

大多数人认为，古希腊人雕塑采取裸体的形式，和当时战争的频繁和体育的盛行紧密相关。大约在 3000 年前，爱琴海一带出现了无数城邦，由于各个城邦都想占有其他城邦，因此当时的公民只有两个职责，就是——公共事务和战争，青年人把大部分时间都用在了练身场上。

拉奥孔是当时阿波罗在特洛伊城的一个祭祀，他曾警告特洛伊人不要将木马引入城中。由于泄露了秘密，雅典娜派出了两条巨蛇，拉奥孔以及两个儿子被雅典娜派的蛇咬死。

竞技体育发达

战争带来了体育的盛行，古希腊成为一个体育大出风头的时代。当时，古希腊各个城邦每逢节日，都要举行体育竞赛。在运动会上，人们并不以裸体为耻，青年男女为了显示自己健美的体魄，常常会把衣服脱光。

《弓箭手》，又名赫剌克勒斯，雕塑的是引弓射箭的战士。

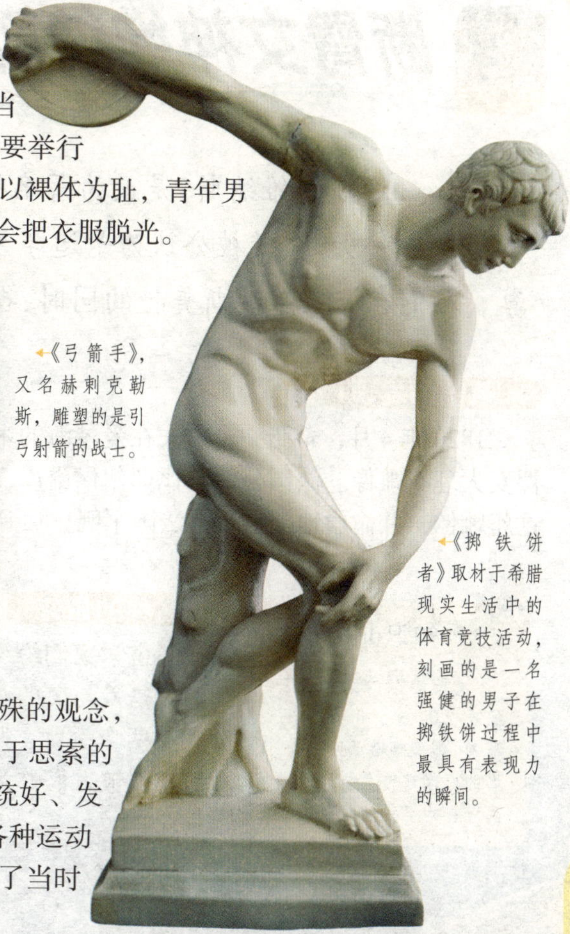

《掷铁饼者》取材于希腊现实生活中的体育竞技活动，刻画的是一名强健的男子在掷铁饼过程中最具有表现力的瞬间。

审美观念的改变

特有的风气使希腊人产生了特殊的观念，在他们眼中，理想的人物不是有善于思索的头脑或者感觉敏锐的心灵，而是血统好、发育好、比例匀称、身手矫健、擅长各种运动的裸体。因此，裸体雕塑自然地成了当时的艺术主流。

社会风俗影响艺术

裸体风气大行其道，而这也大大影响了古希腊人的审美观念。而那些运动场上的优胜者和美丽的肌体都可成为雕刻家最理想的模特儿。

No.077

断臂女神维纳斯之谜

《米洛斯的维纳斯》是最为著名的雕塑作品，从它被发现的第一天起，就被公认为是迄今为止希腊女性雕像中最美的一尊。人们在惊叹维纳斯美艳的同时，也对它充满了疑问和困惑。

雕塑的发现

1820 年 4 月，希腊一个农夫在爱琴海的米洛斯岛上发现了一座美丽绝伦的半裸女大理石雕像。法国公使利比耶尔侯爵以 2.5 万法郎的高价从农夫手中买下了这座雕像，并偷偷地把它装上法国军舰，运到了法国……

知识小笔记

《米洛斯的维纳斯》像高 2.04 米，用大理石雕刻。雕像现藏于法国著名的卢浮宫美术馆，成为卢浮宫的“镇馆之宝”。

名称的由来

考古学家们纷纷研究、争论，一致认定这座雕像雕刻的就是爱与美的女神阿佛洛狄忒。因为雕像在发现时折断了两个手臂，阿佛洛狄忒的罗马名字叫做维纳斯，于是它就被人们称为“断臂维纳斯”。

米洛斯岛

完美的雕塑

女神的面部具有希腊妇女的典型特征，她既有女性的丰腴妩媚和温柔，又有人类母亲的纯洁、庄严和慈爱。给人以崇高的感觉，庄重典雅，但同时又使人倍感亲切，完美地体现了充实的内在生命力和人的精神智慧。

维纳斯是古希腊神话中最完美的女神，她是爱情与美丽的象征，被认为是女性体格美的最高象征。

一些考古学家、艺术家便尝试着为女神像修复手臂，可是，安上手臂以后，总是令人感到不自然、不协调，总之，没有断臂时那么美了。

“断臂”之谜

面对这个唯美至极的女神，人们不禁要问：她的手臂哪儿去了?断臂之前的姿态又是怎样的呢?人们曾经在发现雕像的同一座洞穴里找到过一些手和臂膀的残碎石片。但这些究竟是不是这座雕像的手臂残片呢？对此，人们莫衷一是。

诗人荷马之谜

No.078

古希腊的《荷马史诗》是世界文化的瑰宝，是古希腊人留给后世的一份重要的精神财富和文化遗产。相传《荷马史诗》为荷马所作。但是，是否真的有荷马其人以及《荷马史诗》到底是否为荷马所作，在西方文学史上却是一个争论不休的问题。

生平之谜

迄今为止，流传到现在的荷马的传记共有9部，但这些传记大都不可信。现在人们大多认为荷马生活的年代大约在公元前9～前8世纪之间，相传为盲诗人，在爱奥尼亚土语里就是“盲人”的意思，因此才叫他“荷马”。

note 知识小笔记

《荷马史诗》包括两部叙事史诗:《伊利亚特》和《奥德赛》，是世界文化的瑰宝。

←法国画家布格罗以写实主义手法，真实地描绘了荷马在小向导的引导下，在希腊乡间搜集整理民间传说的场景。

籍贯之谜

关于荷马的出生地，说法也各不相同。由于荷马史诗在古代所具有的巨大影响，一个城邦被看作荷马的故乡似乎成了一种荣誉，因此古希腊许多城邦争着要荷马当它们城邦的公民。但荷马到底是哪里人，至今还是个谜。

古典作家的认可

在古代，尽管对荷马其人有颇多异说，但古典作家并不否认他的存在。许多著名的古希腊历史学家如希罗多德、修昔底德、哲学家柏拉图、亚里士多德等人都毫不例外地受到过《荷马史诗》的巨大影响。

《荷马史诗》在行吟诗人的咏唱中代代相传，同时也描绘了古希腊真实的生活场景。

出自荷马史诗《奥德赛》。奥德修斯在回家途中，为抵御海妖甜美歌喉的诱惑，用蜂蜡将水手的耳朵堵上，并把自己绑到船的桅杆上。

"说唱人"总称

意大利历史学家维柯在《发现真正的荷马》一书中认为：荷马只是希腊各族民间神话故事说唱人的总代表，或是原始诗人的想象性的典型人物。两部史诗之间的间隔相距有数百年之久，所以它们不可能出于一人之手。

史诗搜集整理者

现在唯一可以确定的是，荷马是古代希腊在公众场合表演吟诵诗歌的人，即古希腊人所称的"吟唱诗人"。《荷马史诗》是由荷马润色增补的最终定稿！这种综合性的说法已日益为学术界更多的人所接受。

No.079

苏格拉底死因之谜

公元前399年，古希腊著名哲学家苏格拉底被雅典当局宣判死刑。苏格拉底是讲“知识即美德”最完美的道德家，而雅典是最能宽容言论自由、民主政体的典范。那么，雅典为什么要判苏格拉底死刑呢？

伟大的哲学家

苏格拉底是著名的古希腊哲学家，他和他的学生柏拉图及柏拉图的学生亚里士多德被并称为“希腊三贤”。他被后人广泛认为是西方哲学的奠基者。

拉斐尔所描绘的苏格拉底

苏格拉底

获罪入狱

据资料记载，政治家阿尼图斯伙同诗人美勒托和煽动家吕孔控告苏格拉底反对民主政治，指责他不敬国家所奉的神，并用邪说毒害青年。苏格拉底因此被捕入狱，被判死刑。

为信仰赴死

在关押期间，苏格拉底的朋友们劝他逃走，但他拒绝了。他认为自己必须遵守雅典的法律，因为他和国家之间有神圣的契约。尽管自己被误判，但他宁愿赴死也不逃跑，因为这违背了自己的信仰。

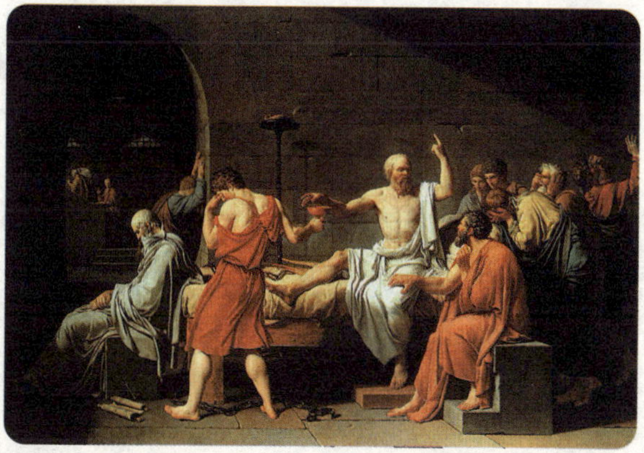

苏格拉底在狱中接过当局赐予的致命毒酒，镇定自若地一饮而尽。

视死如归

公元前399年6月的一个傍晚，即将赴死的苏格拉底衣衫褴褛，散发赤足，面容却镇定自若，仍同朋友们讨论哲学问题，似乎忘记了就要到来的处决。在时间到来时，他安详地喝下了毒酒，用自己的生命和哲学报答了祖国城邦，终年69岁。

知识小笔记

苏格拉底通常被视为是西方政治哲学和伦理学的奠基之父。

苏格拉底的妻子将脏水浇了他一身

孰是孰非

在苏格拉底一案中，一方是追求真理、舍身取义的伟大哲人，另一方则是被视为民主政治源头的雅典城邦，孰是孰非，感情上的取舍则成为一种痛苦的折磨，因而其悲剧色彩愈加彰显。苏格拉底到底有罪无罪，也就成了一个悬而未决的谜案。

No.080

亚历山大大帝死因之谜

亚历山大大帝是一个天才军事家。他一生纵横无敌，用近10年的时间建立了横跨亚、非、欧三大洲的庞大帝国。然而，这位纵横天下的大帝于公元前322年夏在巴比伦猝死，他到底死于什么原因呢？

英雄的一生

亚历山大大帝意为“人类的守护者”，公元前356年出生在马其顿首都佩拉市，公元前323年6月初亡。历史这样总结他的一生：不是为了赶超前人，而是为了让后人无法超越他。

知识小笔记

据资料记载，亚历山大小时候曾拜著名哲学家亚里士多德为师，从而受到良好的希腊文化教。

以亚历山大为主题的镶嵌壁画

离奇地死亡

公元前323年6月初，亚历山大在巴比伦突然因发热而病倒，10天后就死去了。其时还不满33岁。但对于亚历山大的死因，历史以来就有不断的争议。

死于恶性疾病

美国学者高勒将军在《亚历山大新传》一书中认为“亚历山大由于长期在沼泽地区作战而染上恶性疾病，在 6 月 13 日晚上发作，从此离开人世”。突来的疾病使他来不及留下遗嘱，更没时间指定由谁来继承王位。

死于醉酒

也有的认为，亚历山大是在一次酩酊大醉之后，突然发烧，从此一病不起，不久就死去了。在《大英百科全书》曾有过记载：“在一次超长的酒宴之后，他突然一病不起，10 天之后，即公元前 323 年 6 月 13 日去世了。”

亚历山大石棺上的浮雕

死于谋杀

更有人认为亚历山大是因为得罪周围的侍从而被毒药害死的。但到底是什么原因使得这位正处于人生、事业巅峰的亚历山大大帝一病不起，至今仍让人不得而知。

No.081

埃及艳后死因之谜

“埃及艳后”克丽奥帕特拉是历史上一位赫赫有名的传奇人物。罗马人对她痛恨不已，埃及人却称颂她是勇士……然而，时至今日，这个传奇的女子到底是用何种方式结束了自己离奇、浪漫的一生，却无人知道。

历史记载

克丽奥帕特拉生于公元前69年，是埃及国王托勒密十二世和克丽奥帕特拉五世的女儿，不但美貌出众，姿色超群，而且极端聪颖，擅长手腕。

埃及女王克丽奥帕特拉统治埃及达20多年。她的一生神秘莫测，连她的死也是扑朔迷离，众说纷纭。

安详离去

公元前30年，安东尼兵败埃及后无奈自刎，艳后被屋大维生擒。当她得知自己将作为战利品被带到罗马游街示众的消息后，心生绝望，便写下了遗书。经过梳洗沐浴、用膳之后，艳后便安详地平躺在一张金床上，从此再没有醒来……

死因之谜

“埃及艳后”——克丽奥帕特拉女王自杀了，这位绝代佳人的死，不仅给后人留下了许多脍炙人口的佳话，而且为古今中外史学家留下了一个至今不解之迷。她究竟是用什么方法自杀的呢？

在画家的笔下，美艳的埃及女王死在致命的蛇毒之下。

埃及女王克丽奥帕特拉想借助罗马人的兵力，夺回自己的王位。于是，她用美色诱惑恺撒，把自己裹在地毯里命士兵送到恺撒住处。

死于毒蛇

传统观点认为，女王事先在卧室里放置一只盛满无花果的篮子，里面藏有一条毒蛇。然后让毒蛇咬伤自己的手臂，导致中毒昏迷而死。或者是，女王早就把蛇喂养在花瓶里，用一枚金簪刺伤它的身体，引它发怒，直到它缠住她的手臂。

服毒而亡

另一种意见认为，女王不是死于毒蛇，而是服毒自杀。因为在死者尸体上没有发现有刺伤和咬伤的痕迹，在卧室中也未找到任何有毒的小蛇，所以他们认为女王是服毒而死。

note 知识小笔记

随着克丽奥帕特拉之死，长达 300 年的埃及托勒密王朝宣告结束，埃及并入罗马。

No.082

达·芬奇创造力来自何方？

列奥纳·达·芬奇是人类文明史上罕见的全才。后代的学者称他是“文艺复兴时代最完美的代表”。在人们惊叹天才的同时，不禁要问：他的非凡创造力到底来自何方？

旷世奇才

列奥纳多·达·芬奇是整个欧洲文艺复兴时期的旷世奇才。他不仅是天才的画家、雕塑家、建筑师、诗人、哲学家和音乐家，而且是位很有成就的解剖学家、数学家、物理学家、天文学家、地理学家、工程师，等。

达·芬奇是意大利文艺复兴三杰之一，也是整个欧洲文艺复兴时期最完美的代表。

奋斗不止的一生

专家们在用电子计算机分析达·芬奇的生平后发现：达·芬奇要完成自己全部工作，即使连续工作毫不停息，至少要经历 74 年创造性的生活，但他却只活了 67 岁。

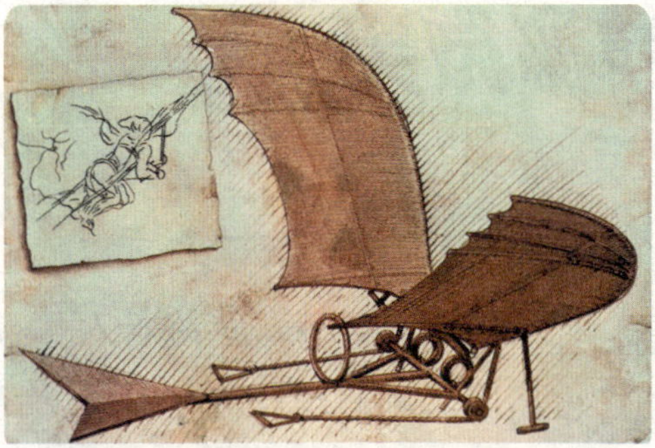

达·芬奇设计的飞行器草稿

“达·芬奇们”集体创造

有人联想到达·芬奇是否也像爱迪生一样有一批聪明能干的助手和工作人员，许多发明其实是“达·芬奇们”的发明。可是，专家们始终没有发现达·芬奇身边有类似的工作人员，甚至没有谈及过什么实验室……这实在令人百思不得其解。

家庭之谜

达·芬奇隐秘的私生活更是得到了大家的猜疑，他既没有家庭，也没有亲近的好友，甚至还处处避开那些他认为“像多嘴动物一样”的女人……这些都使他的事业几乎处于“高度机密”状态，无人能知。

note 知识小笔记

达·芬奇他与米开朗基罗和拉斐尔并称“文艺复兴三杰”。

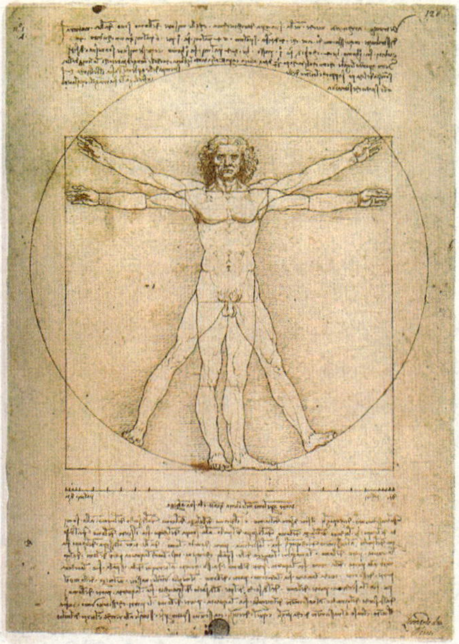

达·芬奇所画的人体“黄金分割”。

“未来世界的公民”

有人认为，达芬奇很可能是一名来自未来世界的人！在穿越时空的旅行时，他由于某种原因被困在了 15 世纪，无法返回他自己的时代，于是利用他掌握的大量知识，发明出无数新鲜玩意，以满足他在那个年代的生活需要。

《蒙娜丽莎》的神秘微笑

意大利文艺复兴时期艺术家达·芬奇创作的《蒙娜丽莎》，可以说是全世界最有名的画作之一。自从它问世以来，就给世人留下了无数悬念。她是谁？她为何会流露出高深莫测的神秘微笑呢？

原型之谜

蒙娜丽莎的画中人是谁今天无法确切考证，艺术史学家曾讨论过多种可能性。许多人相信画中的女士是一位佛罗伦萨富有的丝绸商妻子。

→文艺复兴时期的杰出代表——达·芬奇。他在绘画方面成就非凡，壁画《最后的晚餐》《安吉里之战》和肖像画《蒙娜丽莎》是他一生的三大杰作，《蒙娜丽莎》是他最富盛名的作品之一。

知识小笔记

达·芬奇名画《蒙娜丽莎》是卢浮宫镇馆之宝。据统计，卢浮宫90%的参观者都不会错过这个“微笑”。

神秘的微笑

不同的观看者或在不同的时间去看这幅画像，感受似乎都不同。人们有时觉得她笑得舒畅温柔，有时又显得严肃，有时像是略含哀伤，有时甚至显出讥嘲和揶揄。究竟什么是蒙娜丽莎“神秘微笑”的原因？她微笑的含义是什么呢？

裸露的脊背

1993年，加拿大美术史吉鲁蒙娜丽莎那倾倒无数观赏者的口唇，是一个男子裸露的脊背。旋转90度后从镜中看蒙娜丽莎抿着的笑唇，恰好是一个背部线条分明的结实男性脊背以及左臂和肘部的一角……

几百年来，人们对画中人物微笑不露皓齿的解释层出不穷。诸如是因原型虽典雅美丽却口齿不齐；原型因爱女夭折，忧郁寡欢，难掩凄楚伤心之态；英国医生肯尼思·基友博士则相信蒙娜丽莎是怀孕后的满意之笑。

→人们根据记载大致可以确定，画中人是佛罗伦萨一位富商的妻子丽莎夫人。她出生于1479年，达·芬奇为她画像时间是1503年，正是她最青春的年龄。

哈佛医学院的神经生物学家利文斯认为，与其说蒙娜丽莎的神秘微笑与画家的绘画技巧有关，倒不如说它与眼睛的错位有关。蒙娜丽莎的笑容时现时隐，完全是因为观察者的视线在其脸上游动产生的效果。

《宫娥》之谜

No.084

西班牙画家委拉斯贵支有一幅被称为“绘画的神学”的名画——《宫娥》。是一幅有着风俗性特色的宫廷生活画，它的神奇之处或许在于：无论你从哪个角度去看，你都不可避免的要面临这样那样的问题。

画面的特点

《宫娥》具有风俗性的特色，从生活的情趣出发来描写宫廷中的日常生活，画面上的人物处在自然的状态之中，从门及侧面窗子射进来的自然光运用的很出色，光线均匀的散布在室内的每一个角落。

➔迭戈·委拉斯贵支是文艺复兴后期西班牙最伟大的画家之一，对后来的画家影响很大。

note 知识小笔记

委拉斯贵支同里韦拉、苏巴兰一起成为西班牙美术“黄金时期”的三大代表人物。

画家出现在画中

整个画面最为有趣的是：画家本人——委拉斯贵支，他将自己也安排在了画面之中。他手持调色板站在巨大的画板后，庄严无比，俨然就是他的一幅自画像。

真实的风俗画

画面中，从侧窗打入室内的光线完全把画面定格在了这一瞬间，在尊贵的玛格利特小公主旁，每个人物都流露出慌张的神情，只有画家是那么镇定自若。整个画面犹如一个凝固的时间片段塑像，真实无比！

说不尽的《宫娥》

人们对这幅画有着自己的理解。各种说法，莫衷一是。更令人称颂的是，画家将每件物体都刻画得相当到位，毫不敷衍，从门及侧面窗子射近来的自然光运用的尤其出色。不过，这幅千古名作，至今仍被看作是谜团最多的绘画之一。

《宫娥》是一幅从生活的情趣出发来描写宫廷中的日常生活的绘画。

更多疑问

到底谁是画里的主人公？画家最想让我们看的是哪一张脸？是题目里的宫娥？光线焦点上的小公主？佩带着巨大的贵族勋章的画家？镜子里的国王夫妇？还是表情严肃的侏儒？抑或是其他人？

《死神与樵夫》之谜

No.085

米勒是 19 世纪法国最杰出的以表现农民题材而著称的现实主义画家。他的作品以描绘农民的劳动和生活为主，具有浓郁的农村生活气息，然而“死神”这一类的主题在米勒的作品里非常少见。

米勒生平

米勒生活于 1814~1875 年的法国。他毕生排斥造作雕饰的客厅艺术，不屑于皇室贵族空洞索然的精致，对大自然和农村生活有一种特殊的深厚感情，曾创作了《播种者》《拾穗者》《晚祷》等名作。

→米勒是 19 世纪法国最杰出的以表现农民题材而著称的现实主义画家。

←《晚祷》表现了一对农民夫妇在暮色中谛听远处教堂钟声时正在祈祷的情景。

隐藏的含义

米勒以描绘农民生活闻名于世，“死神”这一类的主题在他的作品里非常少见。看到这样一幅作品，观者心中不免生出疑问：米勒描绘这幅画的含义是什么呢？

绘画的内容

一名年老的樵夫想靠在土坡上休息一下，却被身穿白色衣服的死神盯上了。死神只留给观者一个背影，它肩上扛着一把硕大的镰刀，左手高举着象征着光阴流逝的沙漏计时器，右手死死地扼住老樵夫的脖子，想把他拖走。

面对着死亡，可怜的樵夫紧抓着身旁的柴捆，无助地挣扎着。

绘画主题之谜

有人认为这幅画带有明显的政治讽刺意味，死神象征着法国的剥削阶层，因而作品的主题是鞭挞法国的统治阶级对农民的残酷压榨；也有人认为，作品的真正主旨在于歌颂劳动者的忍耐与顽强。

《拾穗者》是最能够代表米勒风格的一件作品，它没有表现任何戏剧性的场面，只是秋季收获后，人们从地里拣拾剩余麦穗的情景。

知识小笔记

米勒画风以质朴、凝重、富有抒情气氛著称，但直至晚年，他的作品才引起人们的重视。《播种》《晚钟》《牧羊女》《拾穗者》《死神与樵夫》和《扶锄的人》是其代表作。

取自寓言

不过大多数人认为，画面里并没有太多的政治色彩，它只是取材于拉·封丹寓言中的一个名为《死神与樵夫》的寓言。

180
160
220
140
240
120
260
S
SE
SW
W
E

宝藏迷踪

那些埋藏在山野、溪流、幽涧深处的宝藏，和它们背后曲折离奇的传说，总是散发着神奇的魔力，吸引着全世界的“寻宝者”。直到今天，仍有许多人怀着寻宝掘金的梦想，在美国西部、巴西丛林、非洲腹地漂泊寻觅着……

No.086

班清宝藏

1966年,一次偶然的机遇,人们在泰国东北部呵叻高原上的班清镇发现了一些史前墓地,里面除了骸骨,还埋藏着价值连城的稀世珍宝:陶器、石器及精美的金属制品。一夜之间,鲜为人知的小镇——班清,自此名扬天下。

宝藏的发现

1966年,美国人斯蒂芬·扬在班清带回一些绘着奇怪图案的破损陶器,这引起了泰国婵荷公主的注意。这些陶器形状各异,有的颈部竟只有筷子般粗细,有的上面印着精致的图案……公主将所搜集到的陶器全部拍成照片并编印成册向国外发行,从此班清宝藏名扬天下。

1992年,班清成为联合国教科文组织世界文化遗产,左图为班清国家博物馆。

考古学家们在班清发现了大量的陶器遗迹

震惊世人

经过多次鉴定,这些陶器是在公元前4000年左右制造的。它出现的时间几乎和两河文明的年代一样久远,难道班清曾是世界古文明的摇篮之一?

沉睡千年

1974 年，泰国艺术厅和美国宾夕法尼亚大学博物馆对班清开始联合考古发掘后发现，最浅的一层墓葬也可追溯到公元前 2500 年，而这已经大大超过了泰国的可考历史。经过对挖掘的文物测定，有些珍宝至少已在班清埋藏了 5000 年之久。

具有美丽纹样的班清陶器

班清青铜器。早在 5 000 年前，班清人已经掌握了青铜的冶炼技术。

青铜文化源泉

据推测早在公元前 3000 多年，班清人已经掌握了冶铁技术，比中国和中东要早得多。因此有人认为，班清的青铜文化不仅是东南亚，而且也很可能是世界上最早的青铜文化源泉。

待解的谜题

班清的这些高超的技术和文化到底师承何方？又或者是受了什么影响形成的呢？班清工艺品上的图案和古希腊的很相似，但古希腊文明却比班清要晚一些。即使这两个文明有交流或影响，它们又是通过什么样的途径影响的呢？

note 知识小笔记

班清被视为东南亚发掘地区最重要的史前聚居地，是人类文化、社会、科技进化现象的中心。

No.087

所罗门宝藏之谜

由6个大岛和900多个小岛组成的所罗门群岛，仿佛一块块璀璨的翡翠和一粒粒晶莹的珍珠散落在西南太平洋约60万平方千米的洋面上。值得一提的是，所罗门群岛这个名字是和“所罗门王宝藏”联系在一起的，那么在它身上究竟隐藏着什么秘密呢？

所罗门宝藏

所罗门王在公元前10世纪的时候建了一座雄伟的犹太教圣殿，相传，犹太教最为珍贵的圣物金“约柜”和“西奈法典”就放在圣殿的圣堂里。此后，犹太国的数十代君王也把大量的金银财宝聚积在此，这就是举世闻名的“所罗门宝藏”。

note 知识小笔记

耶路撒冷是一座举世闻名的圣城，它是世界上唯一被犹太教徒、伊斯兰教徒和基督教徒共同尊奉为圣地的城市。

“耶路”是“城市”的意思，“撒冷”是“和平”的意思，合起来也就是“和平之城”。

宝藏失踪

公元前586年，新巴比伦国王尼布甲尼撒二世攻陷了耶路撒冷，并因垂涎“所罗门宝藏”而圣殿中大肆搜找。可惜由于圣殿地下室和隧道结构复杂得像一个迷宫，寻宝行动被迫放弃，圣殿也因此被毁灭。

向所罗门王进贡的示巴女王

寻宝海外

许多人都不相信犹太人会把宝藏留在耶路撒冷，他们寄希望于茫茫大海中的一些岛屿。许多探险者不停地在海洋中搜寻，著名的所罗门群岛就是因这种搜寻而定名的。可是很遗憾，他们最终也没有找到宝藏。

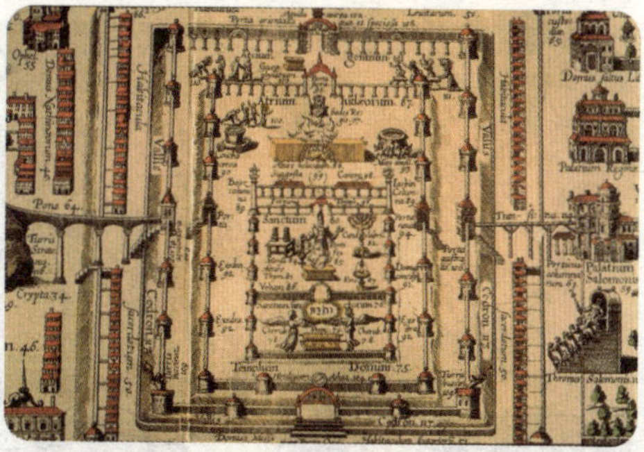

所罗门王修建的犹太教圣殿——耶和华神庙

漫漫寻宝路

千百年来，人们一直在寻找着传说中的所罗门宝藏，可是它似乎像在人间蒸发了一样，遍寻不到它的痕迹。也许，它早已被毁灭；也许，它还沉睡在世界的某个角落，静静地等待着人们去发现。

No.088

“圣荷西”号沉船的珍宝

1708年5月28日，一艘西班牙大船“圣荷西”号缓缓从巴拿马启航，向西班牙领海驶去，这艘装满了金条、银条、金币、金铸灯台、祭坛用品等珍宝的船上警备森严，可是，无情的海水还是把这一切给吞噬了……

遇袭沉没

当时，“圣荷西”号装载着至少值10亿美元的财宝。1708年6月8日，船队在海上遭遇了英国舰队的袭击，一时间，炮火密布，水柱冲天，海水渐渐吞噬着这巨大的船体。很快，“圣荷西”号连同600多名船员以及那无数珍宝便都沉入海底……

“圣荷西”号

金币

近水楼台先得月

后来经过测定“圣荷西”号的沉没地点大约在距哥伦比亚海岸约26千米的加勒比海222米深的海底。1983年，哥伦比亚政府宣布“圣荷西”号归其所有。

No.089

沉睡海底的“黄金船队”

1702年6月的一天，西班牙历史上著名的“黄金船队”在大西洋维哥湾遭到一支英、荷联合舰队的拦截，绝望的船长下令烧毁运载金银珠宝的船只……自此，探宝史上又留下一大遗案。

“黄金船队”

这批由17艘帆船装载的财宝究竟有多少呢？据被俘的西班牙海军上将估计：约5 000辆马车的黄金珠宝沉入了海底！尽管英国人冒险多次潜入海下，也仅捞上很少的战利品。于是，找到这批宝藏便成了无数寻宝者的梦想。

“黄金船队”在大西洋维哥湾被英国人击沉，数不清的金银财宝葬身海底。

寻宝者之梦

在近1 000海里的海底，不断涌现着一批批冒险家的身影——他们有的捞起已破败的沉船、有的却得到了绿宝石、紫水晶、珍珠、黑琥珀等珠宝翡翠、有的仍用现代化技术和工具继续寻觅……

亚马孙密林黄金城之谜

No.090

相传，在很久以前有一个名叫印加帝国的强盛国度，那里的金银财宝堆积如山，取之不尽，用之不竭。据说印加帝国的黄金全是从亚马孙密林深处的黄金城运来的，这一切吸引着无数人们踏上漫漫寻宝路……

黄金城的传说

16世纪初，西班牙殖民者从印加帝国掠夺了数不尽的黄金宝石。后来，西班牙统帅皮萨罗听说印加帝国的黄金全是从一个名叫玛诺阿国的地方运来的，那里的金银财宝堆积如山！

1531年，169名西班牙殖民者在弗朗西斯科·皮萨罗的率领下发动了对印加帝国的进攻。

险象丛生

然而，谁也不知道黄金城的确切位置。在这个遮天蔽日的原始森林里，每前进一步都意味着恐惧和死亡——这里有数不清的毒蛇猛兽、湖泊沼泽，甚至还有野蛮的食人部落，这些使许多人对黄金城望而生畏。

并非虚构

有位叫凯瑟特的西班牙人率领的 716 名探险队在付出 550 条性命的惨重代价后，终于在昆迪玛加高原发现了价值 300 万美元的翡翠宝石。然而，据说这仅是黄金城难以估价的财宝中的极其微小的一部分。

知识小笔记

位于南美洲的亚马孙河是世界上流域最广、流量最大的河流。

风闻黄金城的消息，谁都想一攫千金，于是各路探险家、淘金者蜂拥而至，深入亚马孙密林，然而大多数人都是无果而终。

淘金

“黄金湖”的传说

相传，黄金城里的人每年都会在瓜地维塔湖上举行一次黄金人庆典。大典时，王位继承人全身被涂上金粉，然后在湖中畅游，洗去金粉，他的臣民纷纷献上黄金、翡翠，这位新国王将所有黄金丢进湖中，作为对太阳神的奉献。

谜一般的黄金城

由于黄金的吸引力和诱惑力，传说中的黄金城依然吸引着无数的人前来搜寻。在这 300 多年间，在寻找黄金的路上，不知留下了多少冒险家、士兵和印第安人的冤魂，但那个神秘的黄金城却还是无法找到。

No.091

琥珀屋失踪之谜

传说中，琥珀是美人鱼的泪水，珍贵异常，每一颗都要经过千万年的变化才能形成。18 世纪时普鲁士国王腓特烈一世派人倾心打造的“琥珀屋”，是公认的“世界十大宝藏之一”，但它的失踪却成为一个不解之谜。

奢华的艺术珍品

“琥珀屋”面积约 55 平方米，屋内板壁上全部用当时比黄金还贵 12 倍的天然琥珀装饰，10 多个柱脚也完全用琥珀包裹着，下面铺上钻石、宝石和银箔等，显示出皇家的奢华气势。腓特烈一世兴奋地称琥珀屋为“世界第八大奇观”。

稀世珍宝“琥珀屋”因其光彩夺目、富丽堂皇，被誉为“世界第八奇迹”。

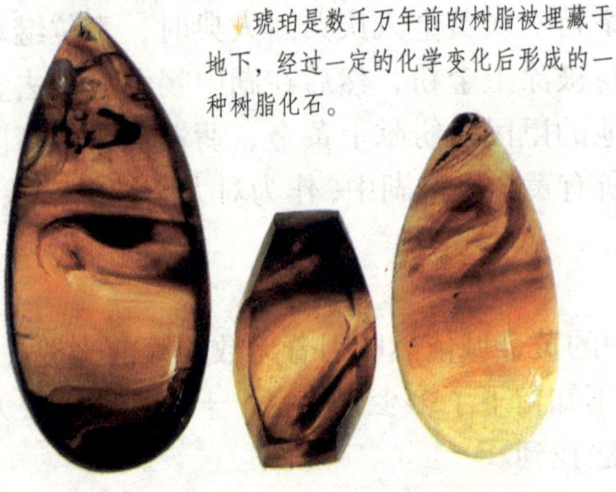

琥珀是数千万年前的树脂被埋藏于地下，经过一定的化学变化后形成的一种树脂化石。

琥珀屋的最后时光

1942 年夏天，德国纳粹把琥珀屋转移到德国柯尼斯堡的琥珀博物馆。几天后，琥珀屋全部被拆卸，捆扎成包，用火车运走了。这是人们知道的“琥珀屋”最后的情况。

神秘失踪

1945年，德国法西斯投降，苏军攻克柯尼斯堡后，前苏联成立的“琥珀屋”秘密搜寻队涌入柯尼斯堡，对当地的可能隐藏的地方进行了仔细的搜索。但迄今为止，近半个多世纪的搜寻竟毫无所获。

琥珀屋中豪华的装饰，以及精美的器具。

琥珀

“琥珀屋”被销毁

琥珀屋运到柯尼斯堡后，由罗德博士任馆长负责保护与研究。他的助手库尔任科女士曾协助罗德把展品放在一大堆箱子里，而这些箱子被德国人放火烧毁了。很可能，琥珀屋连同其他展品都被烧掉了。

扑朔迷离的寻宝路

在“琥珀屋”失踪的几十年间，有关各国都在组织人员寻找，可是都一无所获。尽管琥珀屋的搜寻工作至今一无所获，但人们相信，琥珀屋仍在某个地下室里静静地等待人们去发现。

note 知识小笔记

琥珀是数千万年前的树脂被埋藏于地下，经过一定的化学变化后形成的一种树脂化石。

“钱坑”之谜

位于加拿大东部的有一个极小的岛屿，名叫橡树岛。如果从空中俯瞰，这个小岛的形状像是一个问号。事实上，对于众多的寻宝者来说，这个小岛的确是世界上最大的问号，因为200多年来，没有一个人能揭开这个谜一般的宝藏。

谜题的由来

橡树岛在17世纪时是海盗出没之地，有一个著名海盗叫威廉·基特即将被处决，临死前提出一个交换条件：若他能免一死，愿告诉一个埋宝地方。但他遭到拒绝，就这样，这个海盗头子连同那个神秘的宝藏一道被送进了无尽的深渊……

知识小笔记

加拿大由10个省和三个地区组成，首都为渥太华。

意外发现

1795年10月，三位少年来到了橡树岛游玩。他们无意间发现了一块空旷地，地中间孤零零地矗立着一颗古橡树，树枝上似乎挂过一个古船的吊滑车，正下方有一个浅坑。根据迹象判断，这里很可能是海盗的秘密藏宝地。

“钱坑”的由来

为了能够找到宝藏，各地不死心的掘宝者陆续做过十几次次挖掘，耗资300万美元以上，可他们却什么也没有得到，于是他们就把这个神秘的藏宝地称为“钱坑”。

橡树岛关于宝藏的传说吸引了一批又一批寻找宝藏的人们，然而他们大多数却是失望而归。

亦真亦假

经过两个多世纪徒劳无功的挖掘，人们不禁要问：这个岛上是否真的埋藏着巨额的宝藏呢？对这个问题，在没有最后的结果以前，任何人都无法回答。

如今的橡树岛杂草丛生，一片荒芜。面对这一巨大的“钱坑”，至今仍有无数的人幻想传说中的宝藏。

艰难的掘宝路

1850年春天，一支武装齐全的探宝队在藏宝洞西北方向3米处挖了口新井。当他们就要接近洞里的藏宝箱时，井中再一次突然进水，人们不得不赶紧逃命。在这以后，尽管他们做了种种尝试和努力却毫无结果。

葬于海底的加州金矿之谜

No.093

1849 年，美国加利福尼亚北部州发现金矿，来自世界各地的冒险家们云集此地，形成了一股狂热的淘金浪潮。在历经 8 年的辛苦之后，一群人带着用血汗换来的黄金，搭坐“中美”号汽船准备回家。可是，不幸就在此刻降临了……

淘金之风

1849 年，自从人们在美国加利福尼亚州北部发现了金矿以后，一阵疯狂的淘金热突然开始在全美国盛行起来。

淘金使用的基本工具。包括闸箱、塑料桶和铲子。

满载而归

1857 年 9 月 10 日，淘金者们搭乘“中美”号汽船从旧金山出发了。这艘小小的汽船竟乘有 750 余人，其中有 423 名淘金者，还有他们随身携带的大批的黄金。

知识小笔记

加利福尼亚州位于美国西部，是美国经济最发达、人口最多的州。

死神的召唤

当这艘船离开巴拿马港两天之后，“中美”号汽船遇上了意料不到的灾难。妇女和儿童被送上救生艇，全部获救，然而 423 名淘金汉连同那无法估量的黄金却永远地葬身在了海底……

在这神秘莫测的海底世界里，到底还有多少宝藏在等待我们的探索与发现呢？

无迹可寻

后来，人们都想打捞“中美”号沉船上的财宝，但因无法确定沉船的准确方位，于是打捞计划一直被搁浅，而这批加州黄金宝藏的下落成为一个谜团。

“金州”得名

加利福尼亚州简称加州，别名“金州”。常使人以为源自 19 世纪中叶淘金潮。事实上是来自此州中部山丘的春草于秋天枯萎时，从远方看来有如遍地金色而得名。

No.094 死海铜卷轴之谜

从1947年开始，便有人在死海附近的山洞中发现希伯莱语书写的神秘的《圣经》古卷轴。其中，以1952年发现的铜卷轴尤为奇特，上面用希伯莱语描述了64处宝藏的藏宝地点。

“死海卷轴”的发现

1947年3月，一个名叫穆罕默德·艾迪的阿拉伯牧羊人和朋友在死海西岸库姆兰附近的一个洞中发现了一卷卷散发着浓重霉味的卷轴，这些东西后被驻在耶路撒冷的大主教以高价买下。这就是后来被称为无价之宝的“死海卷轴”。

“铜卷轴”

看见手抄卷价钱昂贵，当地的牧羊人遂纷纷到旷野中去寻找洞穴。1952年，人们在离库姆兰18千米处的另一个山洞里，找到了闻名于世的“铜卷轴”。

note 知识小笔记

“死海古卷”被称为20世纪最伟大的考古发现，它是研究基督教发展史的文献资料。

神秘的宝藏

“铜卷轴”因用金属材质而被命名。它在被发现的三年半后被打开了。人们惊奇地他们发现上面有一列诱人的实物清单，而且还描述了遍布于古巴勒斯坦的宝物埋藏地点。

穆罕默德·艾迪在死海西岸库姆兰附近发现的陶器罐

宝藏清单

铜卷轴上记载的宝物总量简直令人震惊：竟然约有 26 吨黄金和 65 吨白银，市值超过 10 亿英镑的宝藏被隐藏！铜卷轴分 64 个段落，也就是 64 处宝藏的藏宝地点，并详加陈述关于这一大批宝物的细节。

遍寻不得

近来，大多数人相信，虽然铜卷轴记载了宝物埋藏的细节，但似乎不太真实。由记录来看宝物埋藏地似乎多半是在旱谷，由耶路撒冷延伸到死海，然而却没有一件宝物被发现。

发现死海卷轴的山洞

天外来客

从古至今，在人类历史上不乏一些天外来客的身影，它们总是和神秘如影随形。那么，除了地球之外，到底有没有智慧生命的存在？传说中的UFO和USO究竟是什么？神秘的黑衣人是干什么的……我们希望在不久的将来，这些谜题给够被人们完美地解答。

No.095

飞碟之谜

飞碟是一个很多科幻爱好者都耳熟能详的词汇，正式名称UFO，全称Unidentified Flying Object，即不明飞行物。自从这个词汇和它所伴随的事件在媒体出现之后就立刻引起了一片争议……

飞碟初

飞碟热首次出现在1878年1月，美国得克萨斯州的农民J.马丁看到空中有一个圆形物体。美国150家报纸登载这则新闻，把这种物体称作“飞碟”。

虽然世界各地都有众多的飞碟目击报告，但是却没人知道究竟是谁在操作这些飞行器。

夜幕降临后，伴随着飞碟的出现，总会有一些奇异的光束从飞碟上发出。

“飞碟热”

1947年6月，美国人K.阿诺德在华盛顿的雷尼尔山发现9个圆盘高速掠过空中，跳跃前进。这一事件在美国所有报纸上得到报道，又一次引起了世界性的飞碟热，以后有关发现飞碟的报告接踵而至，各国政府和民间机构也纷纷组织调查研究。

真假难辨

1947 年 7 月 8 日,新墨西哥州一家报纸宣称有一架外星来的飞船被军方俘获,但军方称得到的是一个气象热气球的残骸。一些人认为政府是为了掩盖事实,想秘密研究飞碟而编造了这个热气球的谎言。

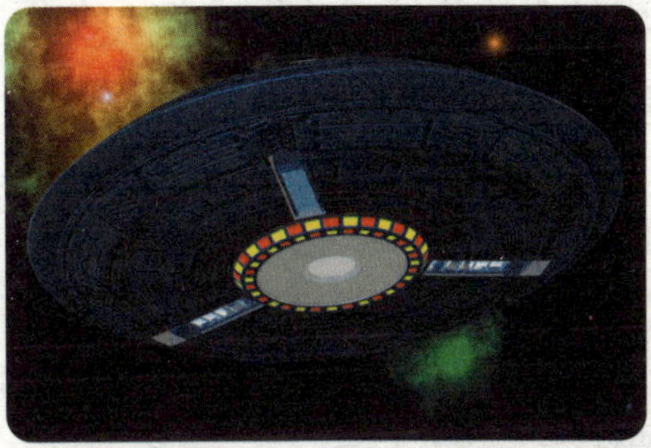

神出鬼没的飞碟拥有着地球人无法匹敌的卓越科技

存在之争

飞碟爱好者认为这些不明飞行物都是外星人的座驾,他们不仅准确地描述出飞碟的形状和飞行状态,甚至还拍摄了不少照片以示证明。持否定态度的科学家认为,不明飞行物并不存在,只不过是人的幻觉或者目击者对自然现象的一种曲解。

无法破解的谜

无论科学家如何努力,仍然有大量真实的目击事件无法用已知的科学知识来解释清楚。于是,没有人可以否认飞碟的存在。在飞碟真的出现在全人类视线之前,它仍然是一个未解之谜。

note 知识小笔记

对于大多数的 UFO 报告,科学家已提供了合理的解释,但仍有 5%未能明确是何种物体。

No.096

“龙三角”之谜

北纬 25 度，东经 142 度，这是地球上最神秘三角区域之一的中心坐标。在这个被称作恐怖的“龙三角”海域，不断传来船只和飞机失踪的报道。

“魔鬼海”

“龙三角”的大体位置位于日本东京湾、关岛和台湾西部的雅蒲岛之间。20 世纪 50 年代中期，日本渔民开始将这片海域称作“魔鬼海”。据日本海保安厅航行安全科调查，在 1953 到 1972 年的近 20 年间，有 161 艘大小船只在这里失踪。

日本龙三角海域（局部）

知识小笔记

龙三角又称福尔摩沙三角、恶魔海、魔鬼海等，是位于西太平洋北回归线的一块三角形区域。

恐怖的“龙三角”

不仅是船只，经过这里的飞机也会在“龙三角”上空出现突发性的罗盘失灵、无线电失效的情况。而且，“龙三角”的海面上有时候会在毫无征兆的情况下突然出现的巨浪、大雾以及狂风等恶劣的自然现象。

不明飞行物的出现

1957 年 4 月 19 日，日本轮船“吉川丸”号的船长和水手们在“龙三角”看到了一个直径大概在 10 多米的碟状飞行物。这个飞行物似乎从天而降，然后一下子钻进了“吉川丸”附近的海里，同时掀起了巨浪。

无论是飞机还是大型油轮、只要经过“龙三角”像被施了魔咒一样，即使风平浪静也会无故失事。

神秘失踪

1967 年，航行在“龙三角”的万吨级油轮“克利夫兰”号在海上神秘失踪。救援人员在事发海域除了找到大量泄漏 的油渍外，根本不见“克利夫兰”号的踪影。至于这艘船究竟是如何失踪的，至今无人知晓。

影片《魔茧》就是以类似龙三角这样的海底 UFO 事件为题材制作的影片

谜团难解

究竟是什么神秘的力量在这片海域作怪？科学家认为，一种是恶劣的环境所致，另一种是强磁场影响。然而，这些推论都没有确凿的证据来证明，“龙三角”的秘密将继续埋藏在深深的海底。

“天使头发”

No.097

据UFO的一些目击报告声称，当不明飞行物离开之后，有时候会落下一种被称作“天使头发”的纤维状物质，这些物质在随后几个小时内便蒸发消失……

“天使头发”

一些UFO爱好者将这个奇怪的物质叫做“天使头发”，在意大利有人将这些东西称作“硅棉”，而在法国甚至有人称其为“圣母头像”。

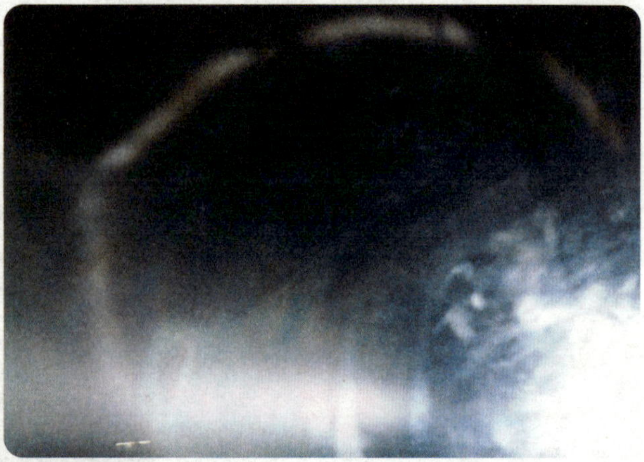

→UFO留下的“天使头发”

note 知识小笔记

据说曾经有人试图用手将这些“天使头发”抓住，可是一旦接触到这些飘落的物体，它们就会立刻分解消失。

首次发现

1945年10月27日，在佛罗伦萨市露天运动场上空掠过两个不明飞行物。在14点20分至29分，两个不明飞行物三次掠过佛罗伦萨市，随后大量蜘蛛丝状的线团飘落到露天运动场，不久便消失了。

收集“天使头发”

一名叫做阿尔弗瑞德·杰克波兹的学生用试管来密封保存了一部分“天使头发”。后佛罗伦萨大学尼罗·科兹教授鉴定，这种物质包含硼、硅和镁，实际上很像是硼硅玻璃丝。

我们无法弄清天使头发究竟来自何处，但是更多的信息表明，它们是来自外太空的物质。

“头发”的成因

美国UFO研究学者查尔斯·麦尼猜测“天使头发”可能是不明飞行物释放出的额外物化能量，而英国的UFO研究学者则认为这些物质是UFO表面的一层胶化层，前苏联研究员伊瓦普诺维则认为这是一种我们未曾接触过的物质。

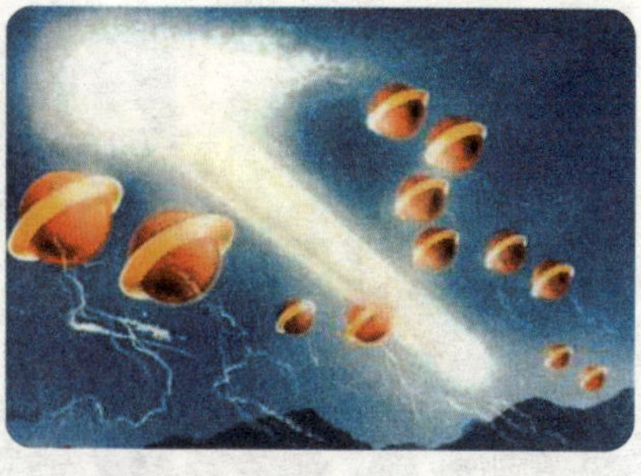

天使头发是一种罕见的现象，至今科学家们仍对此无法解释。它是一种柔软光滑的丝状物，从空中降落至地面上，但是当它接触地面时就会蒸发消失。

神秘莫测

“天使头发”这种物质共同的特点是发生在UFO现场之后，从空中飘落，很像网球大小的纤维结状物，随后在空中逐渐松展开来。至今人们仍然很难收集到这个物品，而且依然不知道产生这些“天使头发”的原理。

No.098

神秘的“黑衣人”

在影视作品《黑衣人》中，黑衣人专职从事和外星人打交道的工作。而在现实生活中也曾真的出现过黑衣人，只是他们与影视中的形象相差很大罢了。

“本德事件”

1953年底，3个黑衣人拜访了当时的国际飞碟局主任和《航天杂志》经理本德，他们要求本德放弃他的研究。几天之后，国际飞碟局就解散了，《航天杂志》也从此停办了。原因是杂志上的一篇文章宣称：“我们已经掌握了飞碟的来龙去脉。”

note 知识小笔记

有不少电影都以“黑衣人”为题材，但事实上，电影的内容大多是与事实无关的。

在影视电影《黑衣人》中，外星人也有好坏之分。

格范的遭遇

英国著名的《飞碟杂志》创办者瓦维尼·格范现生因患癌症于1964年10月22日去世。奇怪的是，格范平时收集到的所有关于飞碟的珍贵资料都在他死后消失得无影无踪。

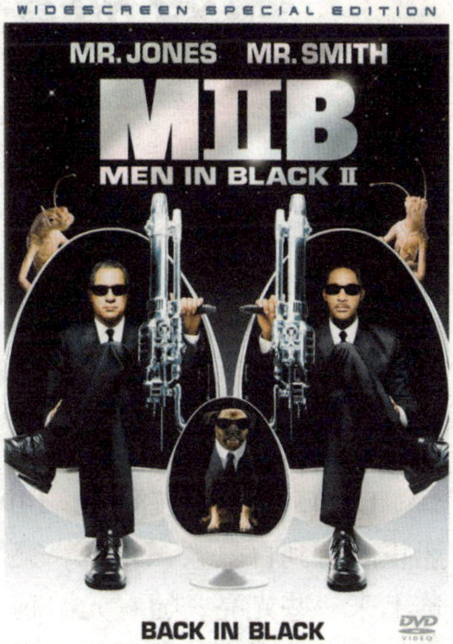

黑衣人在影片中被塑造为保护地球的英雄

黑衣人的形象

据说，黑衣人总是身着黑色的西服，多数黑衣人都身材魁梧，长着东方人的脸。通常情况下，他们会突然拜访那些掌握着飞碟秘密的人并设法拿走所有关于飞碟的信息和证据。

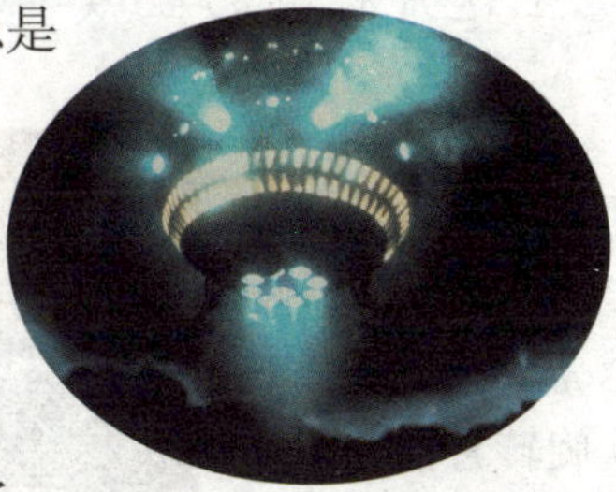

有人猜测外星人驾驶着UFO来到地球上，并隐藏在人类之中。

外星人的使者

部分研究人员据此猜测，这些黑衣人可能是早已在地球建造了基地的外星人，他们为了维持自己基地的隐蔽和安全性，需要极力掩盖外星人存在于地球上的任何线索。

至今也没有任何机构承认对黑衣人事件负责。那么这些黑衣人究竟从哪里来，他们的目的到底是什么呢？无人知道。

深海碟影之谜

No.099

占据了地球表面 2/3 的海洋，其实比茫茫的宇宙更加神秘莫测。时至今日，人类的科学技术也无法彻底解开海洋的众多谜团。而 UFO 似乎也更加偏好地球上这片神秘的区域——海洋。

哥伦布与 USO

USO，即不明航海物。1492 年，当时哥伦布的船正航行到百慕大三角区，突然，他发现从深海里透上来一些光亮，随着光源越来越亮，一个碟形的怪船突然从水下冲了出来，不久就旋转着消失了。

曾经有很多生活在海边的目击者声称自己看到过海水中升起的不明飞行物。

知识小笔记

有人认为，不明潜水物是海底人的舰船。更奇特的是，许多人都说他们在海中发现了各式各样的神秘建筑物。

执着的亚历山大大帝

据说公元前 329 年，亚历山大大帝看到在天空中有一个“若隐若现的银色盾状物”，不断在他们的头顶飞来飞去。他确信这是来自未来世界的飞行物，为此，他曾用“潜水钟”去寻找这些不明飞行物的蛛丝马迹。

“塔利水下巢穴”

1966 年 1 月 19 日，上午 9 时，青年农民佩德利在塔利附近的马蹄礁看到一个碟状的不明金属物体从水中跃出。随着报道次数的逐渐增多，塔利水下巢穴事件也被传遍了全世界。

大海占据了地球 2/3 的面积，那里人烟稀少，是 USO 活动的最佳场所。

飞碟从深海中一跃而出，并激起巨大的浪花。

“水面怪圈”

USO 在跃出礁湖时在水面上留下了独特的痕迹。它飞走后在湖面所形成的漩涡，好几天都没有消失。有意思的是，它还留下了很多令人费解的水流，似乎水下还有什么东西。

海上的不明飞行物通常被称为 USO

幽灵潜艇

在阿根廷奴埃保海峡，有人发现了一个巨大的雪茄形金属物体在水下航行。两个星期后，阿根廷海军探测到这艘幽灵船并用鱼雷进行攻击，但攻击结果未明。在海湾被封锁后，这艘不明潜水艇便销声匿迹了。

奇怪的麦田怪圈

No.100

一个突然出现在麦田中的神秘怪圈，让英国的威尔特郡成为了世界瞩目的地点。一时间猜测纷起，人们无不惊讶地疑问：这一夜之间出现的神秘怪圈究竟从何而来呢？

突来怪圈

20 世纪 70 年代末期，英国威尔特郡的麦田在一夜之间出现一些奇怪的现象：一些庄稼莫名其妙的成片倒下，倒伏下去的庄稼似乎都是有规则的排列着，成圆圈状。最初发现的神秘怪圈只是单个圆圈的形状，后来新发现的怪圈开始出现形状和样式的变化，甚至出现了由多个怪圈组成的有规律形状。

环境适应

神秘的麦田怪圈出现之后立刻引起了人们无尽地猜想，有人认为这是大自然的杰作，有人认为这是外星人留下的信号，还有人认为这是人为的恶作剧。究竟谁是谁非，科学家开始对这些怪圈进行细致地调查。

第一例关于“麦田圈”现象出现在 1647 年的英国。此后，美国、澳大利亚等地都相继发现了麦田怪圈。

外星人的作品

20世纪90年代初，一名英国退休工程师德尔戈里认为这些怪圈精密的布局和设计一定是外星文明的杰作。此外，在世界的其他地区也曾出现过很多类似的神秘怪圈。很多人都坚信怪圈和外星人有着不可分割的关系。

note 知识小笔记

从有关记载来看，麦田怪圈出现最多的季节是在春天和夏天，因此也有人认为龙卷风是造成怪圈的主要原因。

被认为是“神秘现象”的麦田圈是指由于不明原因所造成的各种有规律的巨形图案。它们主要以圆形为主。

人为的恶作剧

伦敦一家小报曾报道麦田怪圈不过是人为的恶作剧。两名英国风景画家曾当着人们的面用绳子和木板制造出怪圈。原来，这两名画家在此之前的13年中，经常夜间潜行于英国南部各地，每逢生长季节便炮制出25~40个怪圈。同时，他们的行为也大大刺激了其他模仿者的兴趣。

待解的谜团

如果上述情况属实的话，那么多年来困扰人们的英国麦田怪圈事件不过是一起人为的恶作剧。虽然，真相已经看似大白于天下，但是仍然有很多地区的怪圈问题没有得到很好的解释。甚至，仍然存在一些非人力所能及的怪圈现象。

图书在版编目（CIP）数据

令孩子着迷的100个未解之谜/田战省主编. —西安：陕西科学技术出版社，2009.11（2022.1重印）
（全景百科·学生版）
ISBN 978-7-5369-4727-6

Ⅰ. 令… Ⅱ. 田… Ⅲ. 科学知识—青少儿读物 Ⅳ. Z228-2

中国版本图书馆CIP数据核字（2009）第187458号

全景百科·学生版

LING HAIZI ZHAOMI DE YIBAIGE WEIJIE ZHIMI

令孩子着迷的100个未解之谜

出版人 崔 斌
责任编辑 李 栋
封面设计 李亚兵

出版者 陕西新华出版传媒集团 陕西科学技术出版社
西安市曲江新区登高路1388号陕西新华出版传媒产业大厦B座
电话（029）81205187 传真（029）81205155 邮编710061
http: //www.snstp.com
发行者 陕西新华出版传媒集团 陕西科学技术出版社
电话（029）81205191 81205192
印 刷 三河市燕春印务有限公司
规 格 720 mm×1000 mm 1/20
印 张 11
字 数 183千字
版 次 2009年11月第1版
印 次 2022年1月第3次印刷
书 号 ISBN 978-7-5369-4727-6
定 价 49.80元